ANCIENT
EGYPTIAN
MYTHS

Gods and Pharaohs
Creation and the Afterlife

[英]凯瑟琳·钱伯斯 著

李昕航 译

古埃及
神话

众神
与
法老

起源
与
来世

北京时代华文书局

目　录

引　言 / 1

年　表 / 5

第一章　雕塑、符号、象征和文字中的神话 / 7

第二章　金字塔、宫殿、莎草纸和颜料 / 25

第三章　混沌中创世 / 59

第四章　世俗生活中的神与神话 / 77

第五章　祭司和众神的节日 / 119

第六章　贸易、侵略、扩张和神话 / 157

第七章　古埃及灭亡后的神与神话 / 193

参考书目 / 211

引　言

古埃及庞大而复杂的神话依托于大自然的神奇力量，大自然为这个地区带来了食物和财富。对于最早居住在非洲东北角的这些居民来说，大自然的力量就是奇迹。

随着北非大草原逐渐沙漠化，农民和牧民穿过不适合居住的区域，也就是后来的撒哈拉沙漠，迁移到了一个植被丰富、人烟稀少的地方。就这样，公元前8000年左右，尼罗河三角洲和下游地区建立起第一个聚落。

大约在公元前6000年，小型聚落已经发展成建有城墙的城镇，这些城镇凭借三角洲、西部沙漠里的绿洲以及尼罗河沿岸狭窄的可耕地保障居民的生活所需。跨越沙漠、海洋的顺差贸易和尼罗河漫长的通航水域让这些城镇地区得到了繁荣发展。尼罗河每年都会发生一次奇迹般的洪水泛滥，就是在这条伟大河流的两岸，许多古埃及的神，以及他们的故事和力量都围绕着这个奇迹产生了。

从奇迹到神话

根据神话记载，尼罗河洪水之神、沼泽鱼鸟之王哈庇（Hapi）住在第一瀑布（现阿斯旺地区的一个大瀑布）附近。每年他都会飞过天空，越过冥界之地杜亚特，在一个山洞里奇迹般地现身。

这段史诗般的旅程展现了尼罗河每年的洪水泛滥，洪水保证了环境严酷的撒哈拉附近农业经济的繁荣发展。每年6月中旬到9月，古埃及人都要忍受灼热的天气，等待来自南方的丰厚云层在埃塞俄比亚高原上空汇集，然后大量的雨水将会倾泻到尼罗河中。这些水

对页图：卢克索北部靠近基纳的丹德拉神庙的一堵墙。墙上刻有祭司正在向哈庇献祭的场景，哈庇的莲花头饰表明他是尼罗河之神。

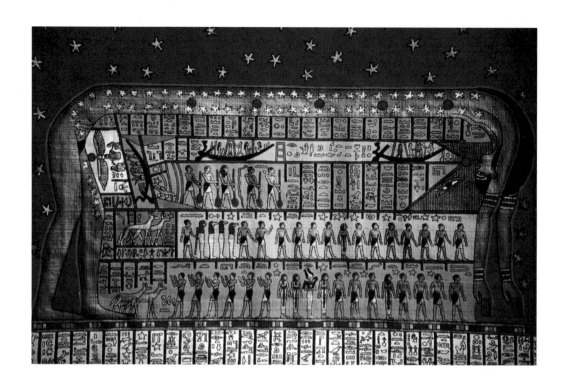

上图：天空女神努特（Nut）的经典形象，她拱形的身体覆盖着大地。这是一份莎草纸复制品，出土自一座晚期的丹德拉神庙。

流伴随着额外的营养物质（它们从苏丹的白尼罗河中被冲刷下来）流入喀土穆的青尼罗河，再向北流入三角洲。待到洪水退去，几米厚黑色的肥沃土壤留了下来。从11月开始，土地已经排干了多余的水分，可以开始播种，万物迎来生长的季节。第二年4月，庄稼成熟，人们迎来了收获的季节。而所有这一切，都得益于每年的尼罗河洪水季。

吉祥之星

在古埃及人见证洪水季创造奇迹的同时，索普德特（Sopdet）女神的化身——明亮的天狼星的升起，也预示着一年一度洪水季的到来。在大多数年份里，星星和洪水被共同誉为神赐予的祝福。但在那些洪水流量少、饥荒来袭的年份，或洪水泛滥成灾、一切都会被冲走的年份，星星和洪水都被认为是带来了惩罚的诅咒。不管怎样，古埃及人在大自然的力量面前是无能为力的，因为大自然是由众神控制的，而神话则叙述了众神的力量。

升起的太阳和复活的死者

太阳的东升西落大概比一年一度的自然事件更为重要。当洪水水量充足时，太阳会使幼苗长成茂盛的庄稼；而当洪水水量不足时，太阳又会使幼苗枯萎。对于古埃及人来说，太阳在夜晚消失更增加了这种不确定性，他们担心第二天太阳不会再次出现。

只有努特这样的神才能使太阳每日的东升西落永恒持续下去。作为天空女神、众星之母，努特会吞下夜晚的太阳，太阳将穿过她的身体，在第二天黎明重生。

太阳东升西落的循环过程反映了人类从生到死的过程，并引出了来世是否存在这一重大问题。于是在强大的众神中，出现了能够在平静和混乱中引导人们度过人间时光的神，以及能够引导死者穿越冥界杜亚特、走向重生的神。如果死者能够踏上这段阻碍重重的旅程，那么就可以向芦苇之地雅卢前进，那里是能映照出人间最美好生活的天堂。在早王朝时代（约前3000—前2686），雅卢由奥西里斯（Osiris）统治，他是在夜晚出现的太阳神，也是尼罗河的芦苇之神和重生之神。

走向民族神话

从公元前6000到前3150年，在早期创世神及一些具有地域性、私人性的神明的注视下，农民得以在潮湿肥沃的土地上劳作，用人造水渠和桔槔（一种手动灌溉工具）浇灌小麦和大麦等农作物，用充足的饲料喂食驯养中的绵羊、山羊、猪和驴。尼罗河则养育着鱼群，河水滋养着可以制作成船只、房屋和笔的芦苇。

人们种植的纸莎草有许多用途，它的根可制作成食

上图：头上饰有一颗星星的天狼星女神索普德特或索西斯（Sothis）。

上图：卢克索地区巨大的卡纳克神庙建筑群，主要用来供奉阿蒙（Amun）。依靠古埃及累积的财富，它得以在公元前3400年的一个小遗址上建成。

物，茎可制作成小船，髓可制作成纸张。此外，剩余的农产品还可以用来交易贵金属、宝石、象牙和木材。随着财富增长、人口增加，统治者试图开始控制一切。那些应运而生的强大众神及其复杂的故事，则加强了统治者对领土的控制。

随着物质文化得到了发展，工艺品变得越来越精美，古埃及人开始通过雕刻、蚀刻和模制等方式制作手工艺品来表达他们对众神的忠诚。公元前3100至前2686年，统一的古埃及王国建立后，符号与象征渐渐发展成一种书面语言。这不仅为国家完成大量的行政记录、账目和外交信函提供了便利，同时也对描述数量不断增加的众神及其在神话中扮演的角色提供了方便。

然而最伟大的神话是，直到第一中间期（约前2160—前2055），神的力量仍然是独立于法老、大祭司和女祭司之外的，而且始终控制着古埃及人用以供奉众神的神庙。

年 表 [1]

旧石器时代	约前70万—前7000
撒哈拉新石器时代	约前8800—前4700
前王朝时代	约前5300—前3000
早王朝时代	约前3000—前2686
古王国时代	前2686—前2160
第一中间期	前2160—前2055
中王国时代	前2055—前1650
第二中间期	前1650—前1550
新王国时代	前1550—前1069
拉美西斯王朝	前1295—前1069
第三中间期	前1069—前664
后埃及时代	前664—前332
托勒密王朝	前332—前30
罗马时代	前30—395

---

[1] 本年表数据来源: Ian Shaw ed., *The Oxford History of Ancient Eygpt*, Oxford: Oxford University Press, 2000, PP. 480–489。——编注

第一章
雕塑、符号、象征和文字中的神话

和非洲文化孕育的其他神话一样，古埃及神话也是由古老的口
头传说经过数千年演变而来的。因此，尽管神成为艺术品和文
字的主题，但大多数古埃及人的脑海中仍保留着众神的故事。

古埃及众神的故事解释了生命中的重大问题，比如谁创造了世
界、谁创造了大自然的力量、谁创造了丰收或歉收，以及秩序与混
乱或善与恶之间的斗争。由于众神广为人知，所以人们认为没有必
要将他们完整地描绘或书写下来。通过描绘众神及其故事的碎片，
或者多数情况下仅用一个符号或标志性描述来暗示，就足以让古埃
及人辨认出某个神话，以及它的背景、意义和功能。无须多言，通
过这些碎片，人们也可以推断出与之相关的神，以及他的特征和在
众神中的地位。

对页图：前237至
前57年，在埃德福
神庙建造的荷鲁斯
（Horus）玄武岩雕
像。这座雕像表明荷
鲁斯的权力几乎从
前王朝时代一直延
续到古埃及王国的
结束。

城镇及它们的图腾

通过对前王朝时代（约前5300—前3000）的考古发现可知，有关神的描绘可以追溯到公元前4000年，一些早期的图腾甚至可以追溯到公元前4500年。在这个时期，小型聚落已经发展成大型村庄，继而发展成了繁华的贸易城镇。手头富裕的中产阶级催生了许多手工艺人群体，他们制造家具、炊具、小雕像和护身符等各种物件。

那些展现众神形象的手工艺品是用简单的材料（如木头、象牙、贝壳、石灰石或陶罐的碎片）绘制、雕刻或蚀刻而成的。这些物品不仅作为家庭祭品使用，也作为陪葬品使用。这显示出早期古埃及人对众神的关注，以及对众神帮助死者通往来世之旅的神话的关注。

在公元前4000至前3500年的一些高级墓室中，人们发现了大量的陪葬品。即使是在前王朝时代，也不乏巨大的、豪华的陵墓，它们以精致的木质屋顶为标志，其遗迹在沙漠干燥的高温下被保存了下来。重要的是，陪葬品中有描绘某些神明形象的图腾，他们在神话中的重要地位一直延续到古埃及王国的结束。

这些发现大都可以追溯到公元前3790至前3640年，它们是在南部城市希拉孔波利斯（又称"尼肯"）附近的陵墓出土的。考古学家在这里首次找到了确凿证据，证明了祭庙以及墓室的存在，墓室中不仅葬有人类，也葬有狗、大象等各种动物。

考古学家甚至在一些高级墓室中发现了活人殉葬。这些殉葬的奴仆会陪伴主人进入来世，满足主人的日常生活需求。因为那时候人们的信仰还没有强大到相信神明会提供这些服务。那些骨头中还夹杂着石灰石雕像、用于眼部化妆的调色板、表面刻有图案的鸵鸟蛋和燧石工艺品。此外，还有古埃及人精心制作的一些图腾工艺品，图腾本身可能象征着拥有强大力量的生物，例如河马。

上图：这只荷鲁斯之眼（或瓦吉特护身符）是用绿松石制作的，绿色象征着保护，荷鲁斯的眼睛象征着太阳和月亮。

2014年3月，考古学家在尼肯72号墓中发现了一位身份显赫的年轻人，他可能是当地一位首领的儿子。墓中有54件随葬品，包括饰有河马造型的梳子、沿着顶部刻有河马图案的象牙棒、用皂石制作的河马雕像等。其中最大的物件是一个超过32厘米的长河马牙。它被雕刻成一个长着大耳朵、留着胡须的男人，这可能是想将传说中河马拥有的能力赋予墓室的主人。

神话与权力

我们不知道早期的河马图腾、河马的神话地位，以及有权势的人类选择河马这三者之间的确切联系。而后来《亡灵书》（*Book of the Dead*，约前1500年）中的证据表明，大概是河马的凶猛性情和庞大身形使它成为女神塔沃瑞特（Taweret）的一个动物化身。在神话中，塔沃瑞特负责让每年的洪水如期到来，尤其是当水流在格贝尔山（今阿斯旺以北）以巨大的力量倾泻而下时。作为一个象

下图：在尼肯72号墓中发现的一些物品，其中有一把梳柄上方饰有河马造型的梳子。

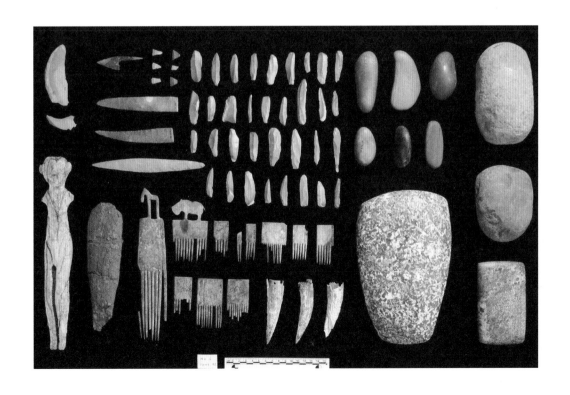

征丰收的使者，她与生育和分娩有着天然的联系。后来，强大的塔沃瑞特还担任了守卫神话中通往古埃及西部山脉小路的使命。在那里，她可以使用神奇的咒语帮助死者更轻松地度过危险的冥界之旅。

塔沃瑞特从简单而强大的崇拜对象演变为复杂的神明的过程，也是最开始仅仅作为生物图像的古代众神后来的典型演变过程。鹰神荷鲁斯就是一个很好的例子。同样是在72号墓中，考古学家发现了最早的鹰形图腾工艺品，是用绿色孔雀石制作的，雕刻十分精致。它很有可能是国王守护神荷鲁斯的早期形象。

神话与古埃及的统一

鹰神荷鲁斯是最早的创世神之一。在神话中，他来自一个充斥着黑暗和混乱的世界，那里的大地满是水和淤泥，芦苇在泥泞岛屿边缘的沼泽地上笔直而强壮地生长。荷鲁斯从黑暗的天空中飞下来，栖息在芦苇之上。慢慢地，人类从一小块土地上冒出来，在神圣的栖息地周围筑起了防护墙。后来，这片土地上出现了一个有神明保护的群体，而此地便成为古埃及。

这个古老的创世神话并不是荷鲁斯成为古埃及早期图腾的唯一缘由。作为一只"猛禽"，他拥有锋利的武器，是力量和速度的象征。所以，在早期的高级墓室中发现带有荷鲁斯头像或符号的手工艺品并不足为奇。

更重要的是，随着前王朝时代的结束，古埃及迎来重要的统一时期，这堵防护墙渐渐成为被国王控制的城市中心的象征，它的形象更是融入了最早的象形文字。

我们可以在公牛调色板（约前3200—前3000）上面找到象形文字，公牛调色板也象征着公牛本身。另外，"公牛"这个称呼还是冠以国王的五个有影响力的名字之一，荷鲁斯也是其中一个名字。在这个时期，神话已经成为上埃及不断发展的城邦之间争夺霸权的有力工具。因为上埃及即将接管下埃及三角洲地区的城镇，而国王们也开始毫不避讳地在艺术品、墓室和武器上凸显他们拥有的神话力量。

神话、神话力量和统一

大约在公元前3500年，古埃及各地形成了分散的权力基础，权力统治地区被称为"圣帕"，后来被古希腊人改名为"诺姆"。每个诺姆都由一位国王统治，他们身着饰有伟大保护神图腾的王袍。在前王朝时代的后期，以上埃及北部提尼斯、尼肯为根据地的国王们与以阿斯旺南部、上埃及的奈加代为根据地的国王们持续争权夺利，直到公元前3150年左右以提尼斯地区的胜利告终。

后来，强大的上埃及通过武力征服实现了控制下埃及的目的，下埃及进入了一个黑暗的时期。纳尔迈调色板上展现的胜利场景就是证明。纳尔迈调色板是一块用沙泥岩雕刻而成的盾形石板，出土于尼肯陵墓群的主文物区。然而事实上，上埃及通过武力实现统一可能仅是寓言故事，下埃及更有可能是被繁荣的南方城邦的经济霸权逐渐征服的。

众神认可的第一位国王

上下图：纳尔迈调色板的盾牌形状象征力量，同时它也是一个仪式性的工具，其中一面刻有两头蛇颈狮的形象。

1897至1898年，詹姆斯·奎贝尔（James Quibell）和弗雷德里克·格林（Frederick Green）这两位英国考古学家发掘出世界上最早的历史文物之一——纳尔迈调色板。它由灰绿色沙泥岩精心雕刻而成，高64厘米，展现了众神对古埃及第一位国王的认可。在象形文字中，这位国王的名字为"Narmer"。这块调色板不是用来混合化妆品的，而是作为祭品使用，两面都刻有浅浮雕。纳尔迈调色板的制作年份可以追溯到公元前3150年左右，同时尼肯地区的荷鲁斯神庙也出土了其他纪念古埃及统一的文物。

调色板的每一面上方都有一条装饰带，上面的图案是公牛或者奶牛，可能象征着阿庇斯（Apis）或哈托尔（Hathor）。哈托尔是拥有众多名字的天空女神，也是荷鲁斯的配偶，人们认为她与实现统一的国王及他的继承人密切相关。在调色板的一面，底部刻有被杀的下埃及人；另一面，一头公牛用牛角撞毁了城墙，牛蹄下踩着一个被击败的敌军士兵。这头牛虽然没有名字，但很可能是公牛神阿庇斯——孟斐斯信奉的神明之一。孟斐斯在第一王朝（约前3150—前2890）时期是古埃及的首都。

调色板的两面都表明，古埃及的统一是通过具有决定性的军事力量实现的。在调色板的一面，纳尔迈前面是四个旗手，他们骄傲地高举旗帜，旗杆上有"道路开放"之神威普瓦威特（Wepwawet）的标志，这可能象征着威普瓦威特在纳尔迈统一埃及的道路上提供了神圣的帮助。这个拥有豺头（一说"狼头"）的神是死者的保护神，他能帮助死者克

尼肯的第二座神庙

重要的文物基本发掘于尼肯的第二神庙，这座神庙主体建于早王朝时代，是围绕着一座古老的圣山建造的。尼肯建筑群对统治者来说非常重要，至少截至中王国时代（前2055—前1650），建筑群仍在进行翻新和扩建。藏宝丰富的主文物区基本位于古王国时代（前2686—前2160）建造的石墙内，但这尊精美的金色猎鹰神像（可能是荷鲁斯的前身）却是在中王国时代的黏土砖建筑中被发掘出来的。

无论如何，荷鲁斯和秃鹫女神奈赫贝特（Nekhbet）代表的上埃及，确实打败了眼镜蛇女神瓦吉特（Wadjet）与野兽赛特（Set）代表的下埃及。众神的力量及其神话不仅体现在他们的形象上，也体现在这两个地区的标志性王冠上。

上图：尼肯神庙之神荷鲁斯的雕像，它的双眼是黑曜石制成的。

红冠是三角洲城镇奈加代的象征，奈加代是黄金之城，也是赛特和瓦吉特之城。在朝代更迭中，赛特这位混乱之神、杀戮之神偶尔会以一个较为温柔的形象出现。有一块出土自前王朝时代的巨大陶器的碎片，上面镶有凸起的红色王冠，这证明了红冠的存在。红冠代表着血腥和残暴的赛特。在神话中，他屠杀了自己的兄弟奥西里斯。奥西里斯是最受欢迎的神，被妻子伊西斯（Isis）从冥界中拯救了出来，伊西斯也因此成为强大的来世之神。

在南方，荷鲁斯和奈赫贝特代表的上埃及的象征物白冠也被称为"光明之冠"，似乎恰如其分地呼应了正直的荷鲁斯国王终将击败邪恶的赛特国王。上下埃及统一后，两种王冠被分别雕刻在纳尔迈调色板两面，后来又一起被雕刻在古埃及历任国王的王冠上。

服所有障碍，通往光荣的来世之路。

在调色板的另一面，纳尔迈用一根大棒狠狠地击打他的敌人，而上埃及的猎鹰之神、国王的合法继承人荷鲁斯则在被征服的三角洲湿地上空胜利盘旋。荷鲁斯一只爪子搁在纸莎草上，另一只爪子呈现手的形状，抓着一根绳子，绳上拴着一个不幸犯人的头颅。

第一位国王的神话

因为古埃及的统一，各自拥有图腾神的城邦最终凝聚起来形成了一个拥有共同的宗教和神话的神权政体，虽然地方众神仍留有一席之地。统一使得一些神和他们的故事更受尊崇，地位超过了另一些神，这一过程随着朝代的更迭不断延续着。

统一的古埃及仍有混乱存在，有关实现统一的国王的神话也发生了改变。纳尔迈调色板确凿地指明纳尔迈是统一上下埃及的第一位统治者，并受到了众神的祝福，他是一位荷鲁斯国王。在后来的统治者——第一王朝的登（Den）和卡（Qa'a）——位于阿拜多斯的王室墓地中出土的王名表上，纳尔迈的名字位列首位，尼肯的皇家墓地中也有纳尔迈的名字。

纳尔迈并非唯一一个出现在调色板上的名字，上面的名字还有可能都只是绰号。古埃及的统一可能是通过逐步变革实现的，但却被解释成了具有戏剧性和决定性的单一神话（真正的过程可能是通过贸易和条约实现的）。因此，第一位实现古埃及统一的国王的真正身份仍然无法下定论，当时也一定不止一个人想作为第一位实现统一的神圣国王被写入历史和神话。这样看来，似乎只有众神的角色是确定的。

荷尔-阿哈——古埃及第一位真正的国王？

荷尔-阿哈（Hor Aha）的名字意为"战鹰"，象征荷鲁斯的力量和高贵。塞加拉墓地出土的一个象牙制工艺品显示，他是古埃及的第一位国王。塞加

双王冠

各个朝代国王佩戴的红白双冠（又称"普斯肯特"）不仅代表统一的古埃及，也代表权力、政治、神和神话之间的相互作用。这些王冠上常常点缀着象征下埃及守护女神瓦吉特的圣蛇乌赖乌斯以及象征上埃及守护女神奈赫贝特的秃鹫的形象，且往往位于荷鲁斯雕像的顶部，以凸显上埃及国王统治下的统一。

拉墓地位于孟斐斯，后者是古埃及第一王朝的新首都。然而，阿拜多斯墓地的乌姆·卡伯墓葬群出土了一块砂质黏土罐盖的碎片，碎片上刻着的塞拉赫纹章（装饰性图案）上部为猎鹰标志，纹章显示荷尔-阿哈是纳尔迈之后的第二位国王。所以人们认为他很可能是纳尔迈和他的配偶奈茨霍特普（Neithotep）的儿子，并在纳尔迈死后继承了王位。

美尼斯——国王还是品质？

在奈加代地区的一座墓室里，国王美尼斯（Menes）的名字和荷尔-阿哈的名字被一同刻在一个象牙制工艺品上。美尼斯意为"忍耐的人"。在后来的都灵王表（the Turin King List，前1275—前1200）和阿拜多斯王表（the Abydos King List，前1290—前1279）上，美尼斯都被列为第一任国王。托勒密王朝（前332—前30）的祭司和历史学家曼涅托（Manetho）将巴勒莫石刻（古王国时代）上的王名表作为证明美尼斯是第一任国王的证据。但是，也有许多埃及学家认为美尼斯或许只是纳尔迈或荷鲁斯的另一个名字，是用来描述统一古埃及者的坚忍品质的。

詹姆斯·奎贝尔（1867—1935）的发现

詹姆斯·奎贝尔是第一个认定这些出土品年代早于第四王朝（前2575—前2465）的埃及古物学家，这也印证了人们之前的想法，他的理论基于奈加代墓地的发掘成果。他认为，奈加代墓地源自前王朝时代，而非中王国时代。奈加代墓地中发现的前王朝时代不同时间段的文物有助于确定其他遗址中文物的年代。奎贝尔的重要发掘还包括用于制作符咒和药物的莎草纸和其他人工制品，这些物品都与神的力量有关，大多发现于拉美西斯二世时期（前1279—前1213）一座祭庙的墓室里。

非洲大部分地区有这样的传统：给统治者冠以荣誉称号，并将其编入口口相传的宗谱。如果古埃及国王的命名沿袭了这种传统，那么认为纳尔迈或者荷尔-阿哈和美尼斯是同一个人并非无稽之谈。因为这样一位开创了伟大变革的国王拥有的多面性与众神的多面性是一致的，也符合整个非洲大陆的领导体系和信仰体系。

上图: 刻有美尼斯等象形文字的乌木碑, 这是一个约公元前3400年的复制品。

蝎子王

在谁是真正统一古埃及的国王这一问题上，有力的竞争者还有蝎子王。他可能是一个人，也可能只是一个概念。在纳尔迈调色板的出土地点附近，人们发现了两个巨大的祭祀用权杖头。它们由石灰石雕刻而成，上面刻画了危险的蝎子的形象。在较小的权杖头上，国王头戴红冠，蝎子图案和国王头边的玫瑰花饰似乎在引导着他。国王挥舞着连枷，荷鲁斯则手持绳索面对着他。

连枷是用来打谷粒的，这是象征国王养育了自己的子民，还是他其实是在将连枷作为武器使用？"蝎子"是对行事果断、凌厉的国王的赞美吗？还是表明这位统一古埃及的国王也许受到了蝎子女神塞尔凯特（Selket）的保护和支持？

脆弱的王国，永恒的神

目前的证据表明，最初的几个统治者其实并没有宣称自己是上下埃及的国王。然而一贯大胆的荷鲁斯形象表明，他作为神圣的国家守护神，拥有至高无上的统治权，且红白双冠始终作为他的象征物出现，尽管国王对上下埃及的控制有时可能比较脆弱。第一王朝早期的第三任或第四任国王登是第一个明确宣布自己是统治上下埃及的国王的人，他的荷鲁斯名为"荷尔-登"。他还是第一个使用"树蜂式王衔"的国王，并以此确立了自己的地位。"树蜂衔"的"树"代表上埃及的纸莎草，"蜂"代表下埃及的蜜蜂，这一王衔将这两种意象结合在一起，同时结合了敌对神荷鲁斯和赛特的名字。这两位神有时会在一些描绘登的图案中一同出现。

下图：一个约公元前3000年的乌木油罐残块，上面刻着国王登、国王印章携带者海玛卡和大臣伊提森的名字。

较大的蝎王权杖头

在较大的蝎王权杖头上，国王头上戴着白色王冠，长着公牛尾巴，脑袋旁边刻着蝎子图案和玫瑰花饰。他站在一条灌溉渠附近，工人们可能正在挖掘或清理这条水渠，这是国王善待人民的又一象征。然而，权杖头上也刻有一排代表不同诺姆的旗杆，旗杆上吊着死鸟。

塞尔凯特是一位古老、强大且勇敢的蝎子女神，她保护着众多伟大的神，因此她实际上可以被看作是统一古埃及的国王们的保护神。在许多与塞尔凯特有关的神话中，其中一个描述了她与巨蛇恶魔阿佩普（Apep）之间持续不断、难解难分的战斗。阿佩普这位恶毒的神明担任着残酷的使命，那就是摧毁太阳神、转世之神拉（Re）重要的转世过程，因此他每天都在试图阻止拉在黎明时分出现。

像许多拥有利器的神一样，塞尔凯特的行为也并不总是仁慈的，所以她既受到古埃及人的欢迎，又令他们恐惧。她的双重性体现在蝎子和安卡[1]这两个对比鲜明的象征上，后者是古埃及的生命之符。所以即便不太可能真有一个叫蝎子的统治者，塞尔凯特的神话特质也与统一古埃及的国王有关，更何况历代国王手中都曾握着安卡。

右图：较大的蝎王权杖头上刻画着国王纳尔迈的形象，他头戴上埃及的白冠，手中拿着锄头。

---

[1] 安卡，又称"安可架"，古埃及的生命之符，象征着生命与永恒。——编注

古埃及神话

众神和国王的节日

登是一个革新者、扩张主义者，也是举行、复兴宗教相关活动的支持者。在这些活动中，神和神话处于中心位置。古埃及的众多仪式和节日揭示了许多神和神话的存在，并依靠图像和文字呈现在我们面前。

阿拜多斯墓地出土的一个油罐上的图案显示了登参加赫卜塞德节的情景，赫卜塞德节是古埃及最伟大的政治宗教节日之一。虽然这一节日随着时间的推移发生了变化，但现在仍然存在。举办赫卜塞德节的目的是庆祝和加强国王的统治，并表明国王仍然拥有统治国家的体魄和精神。赫卜塞德节要求国王广泛参与其中，节日的第一步是在神殿里举行盛大的奠酒仪式。

上图: 在赫卜塞德节上演的有关伊西斯和奥西里斯的神话的戏剧（浅浮雕）。图中的伊西斯（雕像）保护着图坦卡蒙（Tutankhamun）的金色神殿。

图案的右半部分是国王登在节日仪式中挥舞赫卜塞德徽章以展示他的威力，左半部分是他坐在一个高高的舞台上，头戴上下埃及的王冠。狼头神塞德（Sed），同时也是威普瓦威特，这位冥界之路的守卫者在国王参与繁忙的节日行程时负责保护国王，同时他可能也是国王通往统治之路上的守护神。

登的统治时间很长，他在儿时就继承了王位。人们认为在他成年之前，他的母亲美丽奈茨王后（Queen Merneith）一直担任着摄政王。而美丽奈茨王后并不是第一个拥有如此重要的地位且在名字里纳入"奈茨"（Neith）以彰显其神圣地位的王后（奈茨是一个强大的、拥有复杂神话背景的女神）。

五种王衔

随着时间的推移，古埃及国王采用了五种王衔，每种王衔都将王室与神联系在一起。

荷鲁斯名（Horus name）——意指国王是荷鲁斯神的化身，以确认国王的地位。

涅布提名（Nebti name）——意指国王是两女神的配偶，两女神分别是上埃及的秃鹫女神奈赫贝特和下埃及的眼镜蛇女神瓦吉特。

金荷鲁斯名（Golden Horus name）——荷鲁斯站在金子上面，金子是象征着永恒的珍贵金属。

加冕名，或登基名（Throne name, or Prenomen）——加冕时的名字，最终取代了荷鲁斯名。这一名字主要指"树蜂衔"，即"树（上埃及的纸莎草）蜂（下埃及的蜜蜂）之王"。后来太阳神拉的名字也被纳入这一王衔中。

出生名，或本名（Birth name, or Nomen）——通常以"拉神之子"开头，后接王朝名称。它强化了占星术在神学中的重要性。

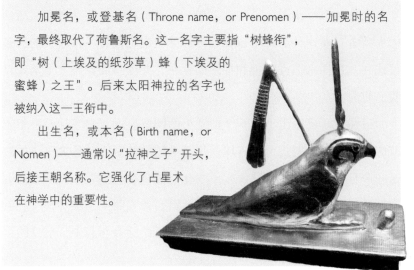

右图：一个象征永恒的金荷鲁斯，出土于图坦卡蒙之墓。

赫卜塞德节的演变

在某些时期的赫卜塞德节上，人们与公牛神阿庇斯一起奔跑，在荷鲁斯神庙接受仪式徽章，还会乘仪式船沿尼罗河而下——象征太阳神拉成功进入冥界之旅。有一些国王对节日活动进行了部分调整，比如改变了活动的地点、祭奠的神明，或重演某些戏剧性强的神话故事情节，如奥西里斯、伊西斯和赛特的斗争，以及奥西里斯的死亡与复活。

奈茨女神和奈茨霍特普王后

古埃及饱含宗教性、政治性的神话并不仅仅与国王们的王徽和图案有关。奈茨霍特普是古埃及公认的第一位王后，她非常强大，拥有尊贵的地位和专属的神话故事，且头衔令人印象深刻。她的第一个头衔是"两女神的配偶"，两女神指的是奈赫贝特和瓦吉特，她们是保护埃及统一的女神，这个头衔也是古埃及国王的涅布提名；第二个是"最重要的女性"，奈茨霍特普王后的名字本意为"奈茨得到了满足"。奈茨作为战争女神与编织女神，是

右图：拉美西斯二世（Rameses Ⅱ）的妻子，王后奈菲尔塔利（Nefertari）陵墓壁画上的奈茨女神。

一个伟大且拥有持久力量的神，角色的两重性代表着上下埃及统一的两种方式：武力斗争和发展国家的"编织"行业。

奈茨也是下埃及和西三角洲古城塞易斯的守护神。她是一位创世神，也是天空之神，和努恩（Nun）一起创造了太阳神拉。努恩是太初水域之神，拉就是从太初水域中升起的。拉是升起的太阳和复活死者的希望之神，是奈茨创造的另一个神——阿佩普——的对立面。奈茨向努恩浑浊的漩涡中吐了口水，阿佩普由此诞生。后来，作为编织女神的奈茨又成为负责调解的女神，尤其负责调解荷鲁斯和赛特这两位分别代表上下埃及的神之间的争端。就这样，奈茨的其他职责逐渐变得不再具有破坏性，而是更具创造性，比如塑造世界。

拥有权势的女人

奈茨霍特普王后与奈茨这位代表下埃及城市塞易斯且最有影响力的女神之间的联系，显示了奈茨霍特普王后原本就是或是后期逐渐成为在某一战略要地拥有极大权势和影响力的女人。奈茨霍特普有自己的王徽这一点就表明了她的地位。王徽上，奈茨霍特普的名字被框起来，上方是奈茨女神弧形的交叉的箭，设计与国王的王徽相似。对于许多埃及古物学家来说，奈茨霍特普王后最重要的角色是古埃及第一位国王的妻子，因为她或许能够证明纳尔迈和荷尔-阿哈谁是真正的古埃及第一位国王。但事与愿违，在奈茨霍特普王后的陵墓中，一些象牙制工艺品上的王徽等标志上，这两个名字都出现了，因此我们还是很难知道奈茨究竟是谁的配偶。

然而，奈茨霍特普王后的身份是毋庸置疑的。她的陵墓规模庞大，彰显着她的崇高地位。1897年，雅克·德·摩根（Jacques de Morgan）在奈加代发现了她的陵墓（玛斯塔巴），其外形是古王国时代大金字塔的雏形。这座陵墓由黏土砖建造而成，宽约23米，长约56米。墓室里有许多陪葬品，包括大量的盒子、化妆品、小雕像，最重要的还有刻着象征纳尔迈、荷尔-阿哈和奈茨女神的王徽，王徽证明了她与统一古埃及的国王之间的联系。象征两位潜在统治者的符号总是一同出现，这也许意味着他们是一体的，是同一个人。除此之外可以肯定的是，奈茨霍特普王后的名字和她的高级墓室都指明了她是古埃及统一后新王室的重要成员，与她相关的女神也是如此。

在神话中，女神大多不仅是强大的生命给予者和保护者，也是恶毒的破坏者。奈

茨也不例外。随着时间的推移，作为编织女神的她操纵着各类截然不同的故事线，创造了以自己为中心的复杂的神话。在历史上，奈茨霍特普王后不仅是国王的配偶，还可能是一位战略家和外交家，或者至少是王座背后的权力拥有者之一。

　　奈茨霍特普巨大且陈设讲究的陵墓连同陵墓中的工艺品和记录着历史的文稿，体现了一个强大且统一的古埃及王国中王权、神和神话之间的关系。这座陵墓是金字塔和神庙的前身，后来它们成为神圣的画廊、图书馆和博物馆。

2

第二章
金字塔、宫殿、莎草纸和颜料

古王国时代，古埃及逐渐演变为一个彻底的神权国家，围绕着神及其职责展开的故事越来越多，细节也越发丰富。从建筑工程设计到纸、笔，这些建设、管理一个国家所需要的基本技能和工具都被用来展现神和神的故事，以表达古埃及人对神的敬意。

神、神话和建筑

古王国时代标志着大法老时代的开始。这一时期，权力和地位体现在神庙、宫殿和金字塔上。这些建筑的内外设计都运用了大量神的元素，王权和神权在建筑中交织结合。

在博学的塞莎特（Seshat）女神的监督和祝福下，古埃及的国王规划并建造了宫殿、神庙，甚至是自己的陵墓。塞莎特掌握着许多技能，其中包括测量和写作，在国王和工匠们的眼中，她对塑造

对页图：《亡灵书》中，长有朱鹭头的智慧与书写之神托特（Thoth）正在记录死者心脏的重量。

现实世界大有帮助。此外，她引导人们利用墨水、颜料、木头和石头展现众神的重要地位、故事以及有关死亡的主题。

在建造神庙前，需要完成的相关宗教仪式和实践仪式有11个，这样做是为了确保每一个建筑都安全、美观且得到了神的批准，意义重大。在最重要的仪式之一"拉绳子"中，正是女神塞莎特握着国王的手。在"拉绳子"仪式中，国王需要协助人们打木桩，系在木桩上的绳索就是用来测量建筑物的周长的。

古埃及人没有专门建造供奉塞莎特的神庙，这位象征着精确度、文化和书籍的女神大多出现在神庙墙壁的浮雕上。为了国家的利益，她始终精确地记录着战时俘虏和战利品的清单。塞莎特的良好声誉至少从早王朝时代一直延续到托勒密王朝，在此期间，她担任了许多重要的角色。

神庙基座上的神和神话

在繁荣的古王国时代，供奉神灵的神庙遍布整个古埃及。一些神庙单纯作为供奉某一神的神庙存在；还有一些神庙也是祭庙，是王室宫殿和陵墓建筑群的一部分。

神话和人们的创造共同融入神庙的结构中，神庙的石头框架代表了整个宇宙。它沿着纵轴排列，象征着神圣尼罗河的流动。传统神庙建筑群的核心布局是根据一个重要的创世神话设计的。在这个创世神话中，天空之神奈茨从混沌中分离出大地和天空，大地上淤泥逐渐成堆，供统一古埃及的鹰神荷鲁斯栖息。在早期神庙中，人们通常用形态各异的沙堆代表这堆淤泥。

随着时间的推移，神与神话逐渐成为国家象征。在卡纳克神庙建筑群，从小型神龛到最大的神庙，其内部的壁画、雕塑、器皿和小雕像上，都统一刻画着公羊头神阿蒙的形象，由此证明了神与神话的重要性。

下图：供奉伟大的阿蒙神的核心建筑是卡纳克神庙建筑群的一部分，它包括神庙、塔、雕像和小礼拜堂。

上图: 阿蒙霍特普四世 (Amenhotep IV) 在卡纳克建造的神庙的墙壁上, 绘有人们供奉太阳神阿蒙的仪式。这座神庙由被称为 "talatat" 的石块构成, 这种结构的石块是由283块小砂岩石块搭建起来的。

阿蒙是一位古老的创世神, 他的名字、形象和象征意义随着时间的推移不断变化。最开始, 他只是底比斯人崇拜的空气和生育之神, 名气并不大, 后来地位逐渐上升到最高级别。由于底比斯在中王国时代和新王国时代 (约前1550—前1069) 的部分时间段成为古埃及的首都, 阿蒙因此从相对默默无闻的神变成了国神。后来, 阿蒙与太阳神拉融合, 直至公元前30年古埃及王国的终结。阿蒙神秘、变幻莫测的特质使他逐渐成为主管许多事务的神——只要符合某一特定时期或某一统治者的需要, 并且他这种多变的命运也相应地反映在了神庙不断变化的设计、规模和条件上。

早期的神庙是露天建筑, 入口朝向神秘的沙漠。因为沙漠是混乱之地, 只有神才能使之平静下来。主空间的中心位置有金字塔形的方尖碑和奔奔石, 还设有祭坛, 以供祭司向众神呈献祭品和酒水。中央圣殿四周是存放食物和祭祀物品的房间, 用以供奉神灵。

后来, 圣殿逐渐成为祭司举行仪式和戏剧演出的场所, 节日游行也会从这里开始。节日期间, 原本放在奔奔石位置的雕像会被祭司隆重地运走, 沿着一条特定的路线游行。拿阿蒙神来说, 为了举行与其创世神话有关的仪式, 人们还会特意建造一个舞台, 这一活动后来发展成为古埃及最壮观的庆典之一。

　　与早期的其他神庙不同，卡纳克神庙是一个迷宫般的复杂建筑群，雄伟的石头塔门将巨大的大厅分隔开来。但尽管卡纳克神庙建筑群的设计令人惊叹，却杂乱无章，这反映了古往今来与阿蒙神有关的国王们的复杂命运。卡纳克神庙建于公元前2055年左右，经历了王室漫长的纷争岁月，在当时它并不受重视。直到王室复兴时期，如新王国时代，卡纳克神庙的地位才开始上升，阿蒙神家族也随之壮大。此后新塔门建立起来，通往新的神庙，那里供奉着古埃及的国母、阿蒙神的妻子狮头神姆特（Mut），以及他们的儿子月亮神孔苏（Khonsu）。此外，战神门图（Montu）也被阿蒙任命为新神，人们特意为门图建造的庭院体现了他的重要性。

卡纳克神庙的多柱大厅和神话

　　卡纳克神庙的多柱大厅令人印象深刻，大厅顶部由塔门支撑，面积接近 5000 平方米，厅内排列着 134 根石柱。神庙的多柱大厅是一个宏伟的核心空间，代表着时间之初的沼泽，神在那里将大地与天空分开。大厅中矗立的巨大石柱犹如沼泽里昂扬生长的纸莎草，阳光从小小的天窗窗口沿着大厅的中柱投射下来，恰似在黑暗和混乱的新生世界里投下一缕缕光。

右图: 多柱大厅的浮雕石柱是卡纳克神庙的一部分，后者被称为 "精选之地"（Ipt-Swt）。

剧院神庙

在神庙举行的有关阿蒙、姆特和孔苏的节日渐渐成为秩序的庆典，秩序源于天堂里某种关系的统一。在庆典中，人们会演绎玛特神话，展现平静与合作将会永远战胜混乱这一真理。从中王国时代起，在卡纳克神庙举行的欧佩特节成为这些庆典中规模最盛大的节日，它将持续整整20天。

每年的收获季节结束后，土地耗竭，众神筋疲力尽，大自然和天堂都变得脆弱无比，很难抵挡邪恶的力量。举行欧佩特节的目的就是恢复天堂的平衡（玛特）状态，恢复神和国王的活力。庆典不仅加强了人间的国王与创造天堂的阿蒙神之间的关系，也加强了阿蒙与他的妻子姆特之间的关系。在古埃及人眼里，阿蒙的雕像就是阿蒙神的化身，它会被放置在卡纳克神庙湖之上的仪式船中，由祭司们运往卢克索神庙。随着神庙建筑的规模逐渐扩大，举行庆典时的活动空间也更为开阔，卡纳克神庙湖就是专门为欧佩特节修建的。

下图：祭司们运送阿蒙神的肖像参加神庙游行，舞者在旁跟随，小号手在前引路。

神庙宏伟的石头象征着阿蒙的永恒。阿蒙虽然逐渐成为最伟大的创世神，但他的本质随着时间的推移发生了许多变化。神庙里的图案、文字和雕像向我们讲述了阿蒙和他家人的故事（阿蒙、姆特及他们的儿子孔苏后来被称为"底比斯三柱神"），而且毫无疑问，神庙本身也担任了神的力量及其神话的叙述者的角色。

国王的神庙

要想让神庙中记载的神话延续下去，国王这一角色至关重要。出于对神的敬畏，国王的工作是在全国范围内建立和维护神庙，使众神的故事得以延续和发展。不仅如此，国王的声誉也依赖于他们表现出的对神明的忠诚程度；反过来，众神会庇佑这个国家和国王，守护国王的来世之旅（这段旅程通常在陵墓中有所体现，尤其在大金字塔里会有所刻画）。

与金字塔相连的神庙被称为"祭庙"。人们在那里供奉的食物和物件，是给即将进入来世的国王的灵魂卡（Ka）的，而非众神。祭庙与供奉神的神庙虽有不同，但区别不大，尽管古埃及人建造供奉神的神庙是因为要赞颂被神化的国王。然而可以肯定的是，与神庙一样，各类神和神话也被纳入金字塔建筑群的设计和装饰中，包括其附属的祭庙。

拉美西斯三世的权力和阿蒙

和拉美西斯二世一样，拉美西斯三世（Rameses Ⅲ）也通过扩建卡纳克神庙建筑群来表达对阿蒙的敬意。他建造的神庙内有一个小塔门，上面刻画了拉美西斯三世在举行仪式的礼堂外攻击敌人的情景。第一个院子里有两排奥西里斯的雕像，柱子的造型似木乃伊，奥西里斯紧握拳头，双臂交叉放在胸前。西侧的国王雕像戴着下埃及的红冠，东侧的国王雕像戴着上埃及的白冠。第二个多柱大厅通向三座神殿，它们都是用来供奉阿蒙神的。

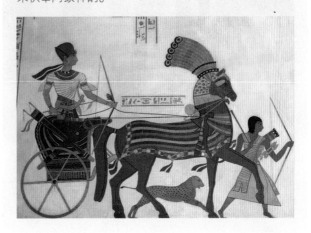

上图：在两次抵抗利比亚入侵古埃及的战争中，拉美西斯三世保卫了古埃及。这幅壁画刻画了他从战争中凯旋的情景。

上图：这些柱子曾支撑着一座神庙（位于象岛）的穹顶，柱子代表着女神哈托尔。

金字塔建筑群中的神话

　　神和他们的故事是自然和自然力量的体现，这也决定了金字塔的位置和外观。神的力量在古埃及大地上的各个角落都有所体现：古埃及神奇的地形及排水系统；当一年中的吉日到来时，古埃及在星空下的位置；古埃及的沙漠、绿洲、山脉和峡谷；伟大的尼罗河流域孕育的古埃及王国及众多文明。

神庙基座和太阳周期

　　位于吉萨高地的胡夫大金字塔和哈夫拉金字塔，以及位于代赫舒尔的红色金字塔，它们的基座四个角几乎正好指向东南西北四个基本方位。依此建筑结构，国王的遗体护送仪式由东向西进行。护送行程从尼罗河畔神圣的河谷神庙开始，沿着一条运河和堤道伸向

瀑布女神阿努凯特

女神阿努凯特（Anuket）是水神之一，她守护着壮观的大瀑布。尼罗河泛滥时，大瀑布倾泻而下。古埃及人认为，大瀑布是尼罗河的源头，因此保护它至关重要。阿努凯特最初是古埃及南部努比亚的神，头戴由尼罗河芦苇和鸵鸟羽毛制成的王冠。

金字塔位于尼罗河以西的沙漠中。在东侧的河岸上，矗立着为主金字塔群服务的神庙，这些神庙是祭司运送国王的遗体至金字塔下葬前需经过的重要地点。金字塔的建造地点完全不会受到洪水的威胁。

西部的沙漠虽蕴藏着困苦和混乱，但穿越沙漠的贸易路线纵横交错，因此它也是机遇之地。在古埃及王国建立几千年前，许多古埃及人就是途经那片神秘的土地来到这里的。不仅如此，这里也是日落之地，是太阳神拉每天进入黑暗的冥界之旅的地方。因此，在考虑建造某一特定建筑最有利的方位时，西方是一个重要的选择。

数千年来，太阳、月亮和星星指引着旅行者穿越沙漠。对于古埃及人来说，宇宙学是指导他们生活的一种力量。从宫殿到金字塔，宇宙学的力量和重要性决定了建造王室建筑的方位。

西边，遗体在建有围墙的金字塔处被接收。

这里的落日在荒凉的沙漠上"死去"，代表着法老将跟随太阳神拉开启自己的复活之旅，此时拉会作为奥西里斯从旁协助。金字塔的顶点象征着太阳，拉就是太阳的拟人化。金字塔倾斜的侧面和尖锐的边缘代表太阳的光束，边缘从塔尖一直延伸至底部基座。

左上图：阿努凯特的力量影响范围很大。浮雕上，努比亚的库施特国王阿斯佩尔塔（Aspelta）正在供奉阿努凯特和阿蒙–拉。

二分点和金字塔

2014年，美国工程师兼考古学家格伦·达什（Glen Dash）提出，古埃及的建筑师们能够在9月22日秋分那天，依靠金字塔地基的轮廓，观察到金字塔基座的四个角与四个基本方位几乎保持一致。在秋分这一天，地球的倾斜度处于夏至和冬至中间，白天和黑夜时长相等。达什推断，测量员可以在地面垂直固定一根杆子，借此绘制一整天的太阳阴影点，画出一条几乎完美的由东延伸到西的直线，从而找到真正的北方。

到建造金字塔的时期，国王已被称为法老，这个头衔的意思是"大房屋"。左塞尔（Djoser）是第一个建造金字塔的法老，他最初在塞加拉建造了一个相当朴素的玛斯塔巴。那是他指定的一片新陵墓区，位于当时古埃及的首都孟斐斯附近。

伊姆霍特普——神圣的建筑师

左塞尔认为自己的玛斯塔巴不够宏伟，因此，借着经济和农业繁荣发展的东风，他开始着手建造一座更宏大、更具标志性的陵墓。然而，即使拥有许多财富，如果没有他的维西尔[1]——伊姆霍特普（Imhotep），左塞尔的计划也只是空想。伊姆霍特普同时还是一位医生、哲学家、占星家、书法家和建筑师。

如今我们将这些角色分开，也许是现代人对古埃及人解决问题的方法的误解。伊姆霍特普集这些角色所需的技能于一身，设计出了一个能够反映众神力量、神话故事和法老永恒力量的复合建筑。由于要承载这些意义，第一个金字塔由切割的石块堆建而成。由于材料坚固和建造方法缜密，金字塔拥有极强的力量和极长的寿命。它的高度也令人惊叹，而这一高层建筑的台阶也有其自身的意义，它被认为是国王走向太阳神拉的阶梯。

伊姆霍特普本意为"从和平中走来的人"，他不仅服务于国王和众神，也服务于人民。不同寻常的是，在他死后100年，他的智慧和虔诚得到了回报，他被尊为半神。直到公元前525年，波斯征服

对页图：胡夫金字塔、哈夫拉金字塔以及红色金字塔的基座四个角与四个基本方位只有十五分之一的偏差。

---

[1] 维西尔是现代埃及学者引用阿拉伯语对古埃及宰相的称呼，其主要负责协助国王管理国家的重大事务。——译注

了古埃及，伊姆霍特普才终于被称为真正的神。

伊姆霍特普的地位是如此之高，以至于后来取代了涅斐尔图姆（Nefertem）在伟大的孟斐斯三联神中的位置。涅斐尔图姆是一个变化多端的年轻神明，他既是太初从沼泽中出现的宁静的蓝莲花，又是一头好斗的狮子。他的父亲是宇宙的创造者普塔（Ptah），母亲是战争与疾病女神塞赫美特（Sekhmet），他们是三联神中的另外两个神。对于伊姆霍特普来说，取代涅斐尔图姆是一个巨大的地位上的提升。或许正是因为拥有疗愈者特质的伊姆霍特普帮助协调了普塔和塞赫美特拥有的两种看似对立的力量，才使天堂保持了平衡（玛特）状态。

显而易见，左塞尔的阶梯形金字塔是伊姆霍特普留下的遗产，但真正使他在众神之中占有一席之地的，是他对医药和治疗的贡献。正如后来的其他信仰体系一样，伊姆霍特普的圣人行径在神话中得到了深化。几个世纪以来，他的追随者带着仿照患病部位制作的黏土模型和木乃伊来到塞加拉墓地，来到他在孟斐斯建造的神庙前，也来到神圣的尼罗河岸边，祈祷伊姆霍特普能够治愈自己的疾病。左塞尔的金字塔不仅代表了左塞尔和众神，同时也记录了伊姆霍特普为古埃及人做出的后来演变成奇迹和神话的贡献。

景观中的神话——阿努比斯山

在尼罗河以西低处的沙漠上，矗立着一座金字塔形的山。由于背后的山脉被它遮挡住了，所以它看起来像是独立存在的，仿佛一座人造王室陵墓。在中王国时代，法老辛努塞尔特三世（Senusret III）巧妙地选择了阿努比斯山这一神圣地点作为一个吉利的地下陵墓所在地。在高高的悬崖上，胡狼头沙漠之神和山脉守护者阿努比斯（Anubis）保护着这个地方。此外，因为阿努比斯本意为"腐烂"，所以他有责任为辛努塞尔特三世的尸

治疗者阿努比斯

在神话里，阿努比斯可以从混乱和瓦解中创造出和谐与完整。作为奥西里斯和奈芙蒂斯（Nephthys）的儿子，他在众神中地位很高。复仇心切的赛特曾将奥西里斯的尸体肢解，并切成了 13 块，正是阿努比斯帮助伊西斯将奥西里斯的尸体重新组合起来的。除去残缺的一块，阿努比斯给尸体的其余部分做了防腐处理，让伊西斯得以用她的魔法复活奥西里斯。

位于阿努比斯山脚下的陵墓被认为是古埃及王室墓葬的首创，是新王国时代巨大的王室陵墓帝王谷的前身。帝王谷也位于尼罗河西岸，位置靠近卢克索神庙。这两个地方都体现出一种新的倾向：让神的天然特质塑造国王的圣地，而不靠单一的人为建造。这主要是因为人们认为金字塔更容易引起盗墓者的注意，虽然事实证明这是毫无根据的。

上图：拉美西斯一世（Rameses I）可能出身军人家庭，帝王谷的一幅墓室壁画上刻画着他面对严厉的阿努比斯的情景。

辛努塞尔特这个名字本意为"乌萨拉特（Useret）的男人"。乌萨拉特是一个与力量有关的女神，武器之一是弓箭，但神话中很少提及她。辛努塞尔特三世并不如她一般低调，作为建造了八座伟大陵墓的史诗级人物，在此之前，他已经在代赫舒尔建造了一处令人印象深刻的、表层为石灰岩的金字塔群。代赫舒尔位于孟斐斯南部，那里还有其他金字塔。1894 年，人们在那里发现了一个花岗岩石棺，但里面并没有辛努塞尔特三世。不难猜测，他是在抛弃了这个地点后，转头在附近的阿比多斯城建造了另一座陵墓，其地理位置与圣洁性相符，这一陵墓是献给冥界之神奥西里斯的。

虽然辛努塞尔特三世是后来才选择了孟斐斯，但实际上他早已成为奥西里斯的忠实信徒，所以阿比多斯城是他一个有意识的选择。阿比多斯的陵墓建筑群是工程奇迹，它位于沙漠地下 30 米，错综复杂的走廊和房间又向下延伸了 80 米。建筑以石灰石和红石英岩为内衬，两层之间隐藏着辛努塞尔特三世的石棺和卡诺匹斯箱[1]。建成后，巨大的花岗岩石块堵住了通往王室墓室的通道，但即便如此也没能拦住盗墓者。

虽然辛努塞尔特三世建造了不止一个奢华且精致的墓地，但他的遗体始终没被发现。即使是在代赫舒尔的金字塔遗址中，存放的也只是大量王室女性和高级官员的尸体。考古学家一直希望能在阿努比斯山下发现辛努塞尔特三世的遗体，然而阿努比斯似乎将它保护得很好。

---

[1] 卡诺匹斯箱内放置卡诺匹斯罐，后者是古埃及人制作木乃伊时用作保存内脏以供亡灵来世使用的器具。——译注

体做防腐处理，并且陪同他通过危险的冥界；与此同时，作为"九弓胡狼"，他也会在黑暗中保护法老，助他对抗敌人。

辛努塞尔特三世的陵墓群位于一个神圣的自然环境中，死者的冥界之旅会跟随陵墓内部的起伏而起伏。因此，一些埃及古物学家将辛努塞尔特三世的陵墓描述为第一座"阿姆杜阿特墓"。《阿姆杜阿特》（Amduat）是密室之书，也是最重要的冥书之一，讲述了太阳神拉从西到东穿越冥界的旅程。

辛努塞尔特三世死后很久，在新王国时代的第18至第20王朝，《阿姆杜阿特》以文字配图的形式出现在王室陵墓中，后来在莎草纸上出现，大部分是零碎的文本。有人认为在辛努塞尔特三世的陵墓建筑群中，一些建筑的特征与书中描述的旅程相符合。譬如陵墓建筑群的中央墓室与书中"在冥界之旅的中点，法老将与奥西里斯及太阳神拉合而为一"的说法相互映衬。或许，建筑群内部整齐排列的通风井也能在冥界杜亚特的暗夜给奥西里斯带来舒适的光芒。

阿努比斯山和帝王谷有力地证明了神的力量及其故事的性质。无论是自然还是人造，无论可见与否，所有王室陵墓都堆满了人工制品，以及描述神的角色和故事的图案及文字。

右图：在新国王时代的莎草纸书《阿姆杜阿特》的其中一页上，沙漠之神阿努比斯、智慧与书写之神托特和其他神祇正在引导死者前进。

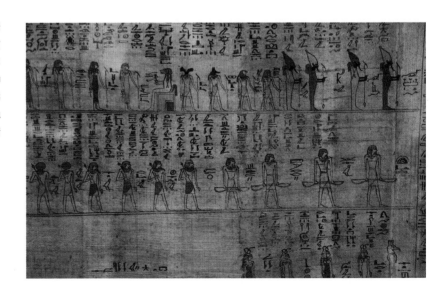

模型中的神话

早在金字塔和墓葬出现之前，至少从公元前4500年开始，人们就已经利用泥塑、木刻或石雕等工艺展现神话中的神和神的力量。其中最受欢迎的是护身符，无论是富人还是穷人都会佩戴。护身符携带着神的力量，富人用黄金等昂贵的材料制作，或者是用稀有的银和彩色的石头，如青金石；穷人的护身符则通常由彩陶制作而成，彩陶是磨碎的沙子或石头的混合体，人们可以自己上釉。

护身符的力量不可低估，人们相信它能够保护佩戴者免受一切危险，或者帮他们逃离艰难处境，无论是生前还是死后。人们认为任何事物都有一位神明保护，所以每个护身符都对应了某位神明的力量、性格及神话故事。此外，只有专业的护身符专家对护身符进行"开启"仪式后，它的效力才会被释放。

护身符专家同时也担任顾问的角色，他们会为特定的人或特定

右下图：古埃及第三中间期（前1069—前664）的瓦吉特眼睛护身符，护身符的蓝绿色表示荷鲁斯撕裂的眼睛在愈合。

颜色中的神话

古埃及人将颜色视作描绘神的特征或角色的一种语言。

真金的颜色以及金黄色的颜料代表众神的肉身，尤其是太阳神的肉身。金黄色的颜料是由雌黄（三硫化二砷）制成的。众神像黄金一样，永远不会失去光泽。

对古埃及人来说，银是最珍贵的金属，因为它很难获得。它代表了众神的骨头。

由孔雀石或铜打造出的蓝绿色象征着保护、更新和生育、再生和复活。它是哈托尔、奥西里斯和奈芙蒂斯皮肤的颜色。

红色，来自红赭石、氧化铁、雄黄（二硫化二砷），它给人的皮肤上了色，代表许多对立的品质，如善良与邪恶。

黑色，来自木炭或煤烟，代表冥界和黑暗中的奥西里斯，也象征着尼罗河的黑色淤泥之地。

的情况定制一整套专属护身符。当客户遇到困难时，他会为护身符施咒或吟诵，让有能力改变境况的神为护身符的佩戴者带去胜利或成功。莎草纸上的文字显示，人们还会在护身符上施加有关来世的咒语，以保护死者在冥界之旅中免受伤害。护身符也会被塞进裹住木乃伊的绷带里，以帮助死者顺利通往来世。

随着前王朝时代的结束和古埃及王国的真正开始，国家变得更加富饶，贸易规模也逐渐扩大，新的材料和工艺使高品质的护身符拥有了更美丽的外形和更艳丽的色彩。就像所有的物品一样，颜色赋予了护身符额外的意义，力量世代不衰。

上图: 绘有托勒密五世（Ptolemy V）授予布希斯（Buchis）荣誉场景的浮雕。布希斯是战神门图的公牛化身，金色突出了布希斯的神圣。

图说神话

古埃及人擅长运用色彩语言在神庙、宫殿和金字塔墙壁上，在石碑和石棺上描绘神话和众神的本质。他们非常了解丰富的图像背后蕴含的深刻含义和历史，这些图像结合了人类形象、拟人化的动物形象、反映神本性的颜色，以及与神的力量、神话相关的符号。

当符号转变为象形文字时，神的故事也许会以一种不那么直接且微妙的方式展现，这可能也是文本中经常穿插神的形象的原因之一。神的象征意义随着其角色的发展发生变化，并随着朝代的更替变得更加复杂。以符号为基础的象形文字，在政府管理、贸易和战争等领域成为法老们不可或缺的工具。而法老们能顺利记录和描绘战争及外交方面的新发展，必然也离不开众神对书写的帮助。

托特——书写、计算和月亮之神

女神塞莎特有极高的数学天赋，她帮助众神建造工程和记录数据，而其丈夫托特的能力则与她不相上下。托特长着朱鹭头，是一位优雅的神，能够利用计算能力在夜空中安全地操控月亮。他将月亮的运转周期计算为一年，并将一年划分为几个月。因此，作为时间的操控者和古埃及所有抄写员的至高神，他也成为书写历史的作家，人们称他笔下的历史为神话。

托特可以将象形文字运用在制作物件上，创造出他想要的任何东西。他能够召唤太阳神拉内心和灵魂中的思想；同时他也被称为"普塔之舌"（普塔是塑造整个宇宙的神），因为有这样的能力，托特可以写下咒语帮助人类通过今生和来世的考验。所有问题都有解决的咒语，包括类似爱的情感和似乎无法治愈的疾病造成的痛苦。也正是托特减轻了年轻的荷鲁斯被蝎子刺伤的疼痛，恢复了荷鲁斯那只被赛特扯下的眼睛的视力。

通过托特在众神中的地位可以清楚地看出，古埃及人非常崇敬文字的力量，尽管在很长一段时间里，书写并不是普通人所拥有的能力。象形文字（Hieroglyph）一词中的"Hier"在希腊语中意为"神圣的"，这表达了人们对文字的尊敬，也象征着文字像众神一样是永恒的。

书写神话的关键

如果拿破仑没有发动战争，古埃及象形文字和它们描述的神话及众神将在很长一段时间内都是谜团。虽然是一个帝国主义者，但拿破仑·波拿巴（Napoléon Bonaparte）认为自己是一个文人。因此，在1798至1801年远征埃及期间，拿破仑一方面试图阻止英国通过红海到达印度及更远的地区侵犯他在东方获取的丰厚商业利润，另一方面则派遣了一批学者前往埃及考察。这一行人的目的是解开古埃及的秘密，团队里有建筑师、科学家、经济学家和各类艺术家。

其中一位工程师弗朗索瓦·札维耶·布夏贺（François-Xavier Bouchard）在亚历山大港附近尼罗河畔的罗塞塔发现了一块嵌在墙上的灰绿色花岗岩石碑。上面有三种不同的文字：古埃及象形文字、古埃及通俗文字和希腊文。很明显，这是一件重要文物，需要在法国进行分析考古工作。但在1801年3月21日，拿破仑在亚历山大港败给了英国。凯旋的部队奉命收缴了法国人找到的所有文物，并把它们运回了家乡。

在此之前，法国人机智地复制了罗塞塔石碑（Rosetta Stone）上的碑文。1822年，古典学家让-弗朗索瓦·商博良（Jean-François Champollion）认为，这三种不同的文字传达的信息其实是相同的，于是他用自己所知道的语言——希腊语——破解了石碑上的古埃及象形文字。他首先在希腊语中辨认出了托勒密五世的名字，然后将其与以象形文字书写的引人注目的王名表进行匹配。这是解开古埃及人书面语言的开始，继而揭开了世界上最系统、最庞大的神与神话体系的面纱。由此，我们也知道了历代宗教文本和引文的大部分内容的出处。

下图：拿破仑一世骑马来到一个半埋在地下的狮身人面像前。该画由J. L. 杰罗姆（J.L. Gerome）绘制。

文字的发展

象形文字（Hieroglyph）是展现神、人、物体和声音的象形图（表示单词或短语的图形）、表意文字（表示意义的符号或字符，无法看出发音）、意音文字（表示单词或短语的符号或字符）和表音文字（图像本身也表示声音）的组合。截至目前，象形文字最早的证据可以追溯到公元前4500年的一块努卜特的王室印章（努卜特是上埃及的一个城市中心，拥有东部沙漠的黄金资源）。运用象形文字是王室、祭司和上层阶级的特权，通常用于神庙和陵墓之中。

僧侣体文字（Hieratic script）是在公元前3150年左右古埃及统一后发展起来的。它强调表音文字和意音文字的使用，因而创造出的语言更微妙，能够表达抽象的思想、情感、色彩和动作。这些结合在一起，形成了一种快速、流畅的语言。因此，它可以完美地用于行政管理和满足宗教目的。对于富人来说，僧侣体文字是可以满足中产阶级宗教需求的更民主的文字。

世俗体文字（Demotic script）的形成基于僧侣体文字，它的书写速度比僧侣体文字更快。它是公元前7世纪在普萨美提克一世（Psamtik I）统治期间发展起来的，且一直沿用到5世纪。世俗体文字用于商业和行政领域，僧侣体文字则用于表达宗教信仰。

科普特文字（Coptic script）是在希腊人的统治下随着基督教的兴起发展起来的。希腊人自公元前330年开始统治古埃及，他们有意避开了古埃及的文字，只留下6个世俗体文字融入了自己的字母表。

上图："象形文字"一词在希腊语中是"神圣的雕刻"的意思。

上图："世俗"一词在希腊语中是"平民"的意思。

上图：科普特语是目前已知古埃及的最后一种语言。

上图：古埃及人以浮
雕的形式展现清晰
的文字。取自塞加拉
的海军上将詹赫布
（Tjanhebu）的墓室
（前664—前525）墙
壁上的金字塔文。

金字塔文——王室成员的死后之路

金字塔文是最早用来描述更高等的众神的文字，但是它们并不完整，且无规律可循。它们不是用来讲述故事的，而是用来引导死去的国王（大约由八个最神圣的灵魂构成的复杂集合体）走向永恒和幸福的来世。

要想顺利通往来世，国王要在冥界之旅的各个阶段使用不同的咒语，接受众神的审判或保护。此外，神需要确保国王的身体完好无损，这样才能与重生的灵魂重新结合成完整的个体并获得永生。如此一来，国王就不仅仅是像神，而是真正成为神。在这个幸福的时刻到来之前，国王将经过一段艰难的旅程，他死去的肉体将走上无数台阶、梯子、坡道，经历一段段逃亡。面对邪恶的挑战，他最终将被自己的力量及众神的恩典拯救。

大约从公元前2350年，也就是第五王朝和第六王朝开始，金字塔文字已作为墓葬中的铭文出现。这些文字基于古老的口头传说形成，因此内容支离破碎。这也许是金字塔文被称为"话语"的原因之一，虽然这可能是指祭司会将这些文字大声朗读或吟诵出来。

金字塔文杂乱无章，前后矛盾。故事中有一些空白的片段，一些象形文字也模糊不清且不完整，这可能是有人在故意迷惑那些想破坏国王永恒幸福的邪恶势力。或者，也可能只是因为咒语和神话是众所周知的口头传说，所以人们没有必要知道得太过精确、清楚。

通过这些文本以及后来配有图画的文本，我们细致地了解到死者为进入来世所要经历的有关保存尸体的复杂程序，而这些程序极具神话意义。

木乃伊中的神话

阿努比斯长着胡狼头，是亡灵守护者、神圣墓地之主和防腐之神。在赛特残忍地杀死了哥哥奥西里斯后，阿努比斯负责奥西里斯尸体的防腐工作。为了向阿努比斯的技能和权力表达敬意，专门为国王遗体或雕像举行丧葬仪式的殡葬祭司经常戴着胡狼头面具，在白色衣服外面穿上带有斑点的动物皮毛，为接下来的任务做准备。

如果国王的长子难以完成将国王的尸体制成木乃伊的任务，那么受到阿努比斯和其他守护神——伟大的奥西里斯和普塔，孟斐斯的墓地之神索卡尔（Sokar）——支持和指导的祭司将代替他完成。整个流程非常漫长，祭司需要用到定制的工具、矿物盐和香树脂，流程包括去除内脏、脱水、化学防腐，以及完成在前王朝时代形成的非常重要的"开口"仪式。"开口"多达75处，到了古王国时代，还涉及眼睛、鼻子和耳朵等部位的"开口"。

眼睛、鼻子和耳朵这些孔能够让

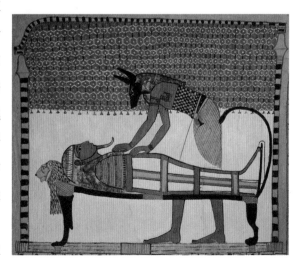

下图：防腐之神阿努比斯弯腰站在死者面前，他是称量死者心脏的天平的看守人之一。

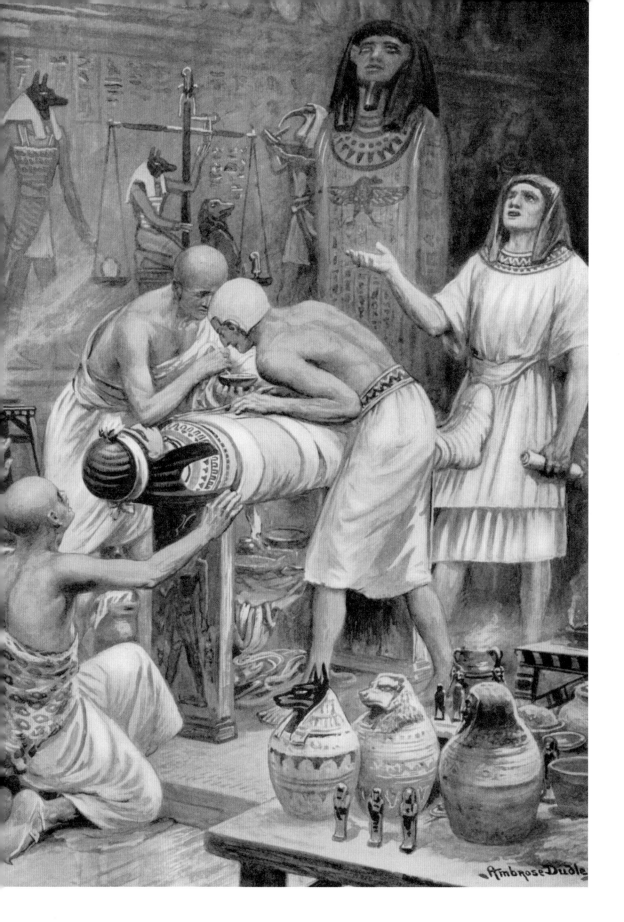

木乃伊化的身体在穿越冥界的旅途中正常吃、喝、看、闻、听，还能释放出与身体相关的某部分复杂的灵魂，允许一个人所有形式的灵魂在身体与灵魂最终合一时发挥自己的作用。

变革时代的国王和众神

国王死后保留了完整的身躯，身处一个与天堂类似的完美世界，他是不是作为月亮和黑夜之神奥西里斯出现的？还是变成了光芒四射的太阳神拉？随着时间的推移，国王对不同神的偏爱在金字塔文和壁画中展现出来，某些高等神因此获得了至高无上的地位。墓室墙壁上的文字和绘画不仅反映了某一独立的国王和朝代的动态发展，也反映了国王和国王之间持续的权力游戏，国王们各自信仰的神和神话故事随着政治格局的变化起起落落。因为古埃及首都的所在地不断发生改变，其信奉的众神也时常被升格或降格，如阿比多斯的奥西里斯、孟斐斯的普塔、赫里奥波里斯的拉。拉最终与赫里奥波里斯的阿蒙融合，成为最伟大、最经久不衰的神。然而，尽管国王与众神之间的这种对话看起来很重要，却是大多数古埃及平民无法拥有的。他们也希望死后有权在其他地方重生，就像是国王和越来越多的贵族那样。

对页图：殡葬祭司在为尸体做防腐处理。该画由安布罗斯·达德利（Ambrose Dudley）绘制。

复杂的灵魂

古埃及人神秘的灵魂概念与"卡哈"相辅相成，"卡哈"指人的有形身体，其只有通过防腐和木乃伊化才能达到永恒的状态。

卡（Ka）——卡哈的孪生兄弟，盘旋在它周围，能自由地穿梭于体内和体外，并能模仿卡哈的样子，能吃能喝。

名字（Ren）——一个人自己真正的、神秘的名字，不能被他人知道，以免他人通过摧毁这个名字来摧毁这个人，或者用这个名字来达到邪恶的目的。

心脏（Ab）——个人善与恶的源泉，它可以永远在天堂，也可以被阿米特（Ammit）吞噬，玛特的审判会决定它的命运。

巴（Ba）——一种人头鸟，白天为死者提供食物和空气，晚上陪太阳神拉乘坐太阳船。

影子（Khaibita）——肉体的影子，总在巴附近徘徊，它可以借助墓室里的食物滋养自己。

灵体（Sahu）——个人精神、思想的核心及深切的意图。经玛特审判后，无论善恶，它都将与人相伴。

亚库（Akhu）——灵体内闪耀的、光芒四射的生命力量，在天堂中继续存在。

力量（Sekhem）——一个人内在的类似马达的精神力量，与亚库一起进入天堂。

平民的神话和魔法

尽管古埃及各个阶层的人都能在所有事物中看到神和神话，但也有些人被剥夺了接触咒语和仪式的机会，而这些符咒和仪式能够确保他们走向永恒，并与更高的神合而为一。不难想象，那些能够负担得起购买低阶版神圣咒语文本却发现无处可买的人，会有多么失望和焦虑。

到了古王国时代末期，那些受到法老青睐、免于缴税的殡葬祭司变得越来越富有、独立，且不守规矩。来自各地区的首领也是如此，他们开始脱离首都孟斐斯的控制。并且因为法老们过度修建建筑工程，尤其为了建奢华的金字塔，国家财政也陷入了困境，古王

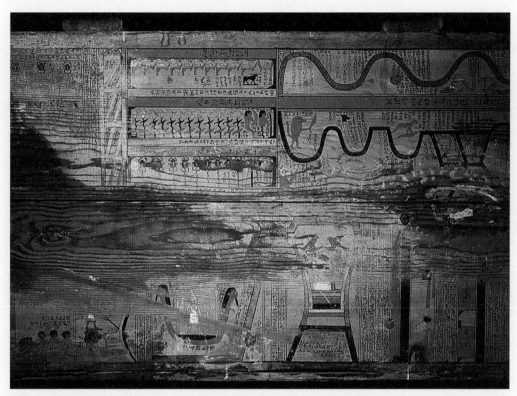

上图：瓜（Gua）的棺材上刻画着棺文，瓜是贝尔萨统治者杰胡提霍特普（Djehutyhotep）的主治医生。

通向地狱之路

心灵脆弱的人不适合踏入通往来世的旅程。如果未能出发，或者没有通过面临的考验，那个人就会受到痛苦的惩罚。这在许多文本中都有描述。

《冥书》（*Book of the Netherworld*）或《暗室之书》（*Book of the Hidden Room*，前 1552—前 1306）是同一本书的两个版本。对于那些注定下地狱的人来说，这两个版本描述的内容不同，但同样令人害怕；在第三个版本里，这些人从死者的队伍中被剔除，不被允许继续沿着冥河走向永生。

《地狱之书》（*Book of Gates*，前 1315—前 1201）和《大地之书》（*Book of the Earth*，前 1213—前 1152）是对堕入黑暗地狱的罪人施加的严酷刑罚的目录。罪人们被捆起来后，随之而来的通常是斩首，然后是肢解和焚烧，这样他们就不可能与拉——早晨的太阳——一起从死亡中复活。

《洞穴之书》（*Book of Caverns*，前 1186—前 1069）第一次描述了女性与男性遭遇同样命运的情景。书中，男人和女人都呈现着各种极端、痛苦的姿势，如被斩首和挖出心脏。

国时代的旧秩序渐渐崩溃。

在接下来的第一中间期，权力下放，古埃及一度四分五裂，无人领导。由于古埃及是由多个相当富有的、独立的诺姆拼凑而成的国家，这反倒为新兴的中产阶级提供了机会，让他们享受到了许多以前被剥夺的权利。中产阶级的地位逐渐提高，还拥有了用昂贵的材料（如黄金、石榴石、玛瑙或天青石）制作而成的精美物品。不仅如此，他们也能享受永生，不再有压迫他们的法老试图阻止他们。

在这个时期，他们的棺材材料不仅有木头，还有陶瓷或石头，抄写员和工匠也会为死者在棺材上绘制神话、仪式、咒语和地图等，引导中产阶级的亡灵与崇高的神同在。他们终于被赋予了平等接触众神的机会。众神可能会竭尽全力帮助他们克服冥界之路上的困难，或者也可能让他们陷入永恒的黑暗。但至少平民现在拥有了这样的机会。

棺文

起初，只有贵族和高级官员才能接触到棺文，但随着时间的推移，棺文逐渐渗透到其他阶层，且一直沿用至约公元前1650年的中王国时代末期。棺文源自金字塔文，涵盖大约1185个咒语、咒文和公式。尽管棺文的内容不如金字塔文那么丰富，但蕴含的神的力量同样强大，平民的灵魂借助棺文通往幸福来世的机会和国王、王后一样大。

棺文用僧侣体文字书写而成。僧侣体文字通常用于记录账目、交易或行政通信，所以相比国王，文员使用更多。也正因如此，社会的各个阶层都更容易接触到僧侣体文字。当然，那些会使用象形文字书写的人本来就是极少数的。棺文是以第一人称写成的，是与自己的灵魂直接沟通，不涉及有关阶级的内容。

对页图：这些棺文的细节出土自建于公元前984年左右的阿蒙神庙内首席抄写员内斯帕瓦舍皮（Nespawershepi）的棺材。

棺文咒语 74——奥西里斯的复活

棺文讲述了许多神的故事，最受欢迎的当数奥西里斯复活的故事，人们都希望自己能够复活并与奥西里斯合而为一。伊西斯和奈芙蒂斯再次唤醒了她们的兄弟：

啊，无助的人！
啊，无助地沉睡了！
啊，无助的人在这里，
你不知道这里；可是我知道！
看哪，我发现了你
侧卧在地，
伟大的失去了生机的人。
"啊，妹妹！"伊西斯对奈芙蒂斯说，
"这是我们的兄弟。
来吧，让我们抬起他的头，
来吧，让我们重新组合他的四肢，
来吧，让我们终结
他所有的痛苦，那么，只要
我们能够帮助他，他就不会
再虚弱了。"

刘易斯·斯宾塞（Lewis Spence）

至关重要的一点是，据我们所知，棺文的内容包括《两路之书》（*Book of the Two Ways*），它并不是一本书，而是一套详细的地图册，一篇绘制在棺材底板上的宇宙指南。这幅地图最早是在埃及中部的巴沙墓地发现的，至少可以追溯到中王国时代。它指引死者沿着两条蜿蜒道路中的一条来到天堂般的供奉之地，在那里，他们将与奥西里斯会面，并与他共享盛宴。

就像所有通往来世的旅程那样，这段旅程中也有一系列磨难和考验，死者要面对危险的恶魔、如山一般高的石墙和火之湖，火之湖把通往奥西里斯之地——罗斯陶——的两条路分开了。这里处于火之海和黑暗的夜空（天空之神努特的领地）之间，奥西里斯的身体就在这里。如果精疲力竭的灵魂设法看到了奥西里斯的身体，那么他就获得了胜利，并将得到永生。

棺文是许多古埃及人的救星，一直沿用至中王国时代末期。当时爆发的一场彻底的革命，打开了许多人通往来世的通道。

《亡灵书》——平民的机会

　　棺文对大众的重要性无须多言：它和金字塔文一起构成了《亡灵书》的内容。从新王国时代开始，《亡灵书》为大众真正普及了通往来世的经验和途径（除了最贫穷的人）。《亡灵书》又称《来日之书》（*Book of Coming Forth by Day*）或《来日咒语》（*Spells for Going Forth by Day*），后来渐渐变成商业化文本，不计其数的职业抄写员快速抄写副本以换取金钱，大部分以黑色墨水写成，载体

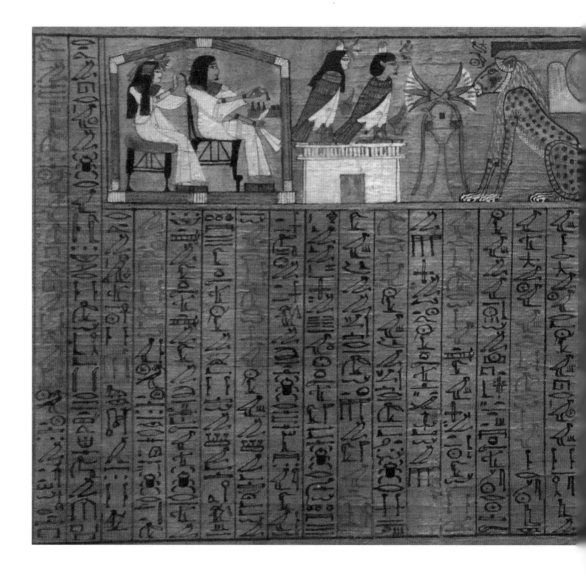

是获取非常便利的莎草纸。没有两份《亡灵书》的文本是完全一样的，它们更像专属定制的指南，指引着亡灵前进，气势汹汹的神圣摆渡者将划着船渡灵魂来到芦苇之地。

莎草纸上精确地记载了众神将如何帮助灵魂或阻碍灵魂，这些纸将被塞进地下墓室里。《亡灵书》不仅是一本指导手册，它记载的咒语和密码还能让亡灵的一部分转化为神话中的生物，这些生物的力量能帮助灵魂通往来世，并与某位伟大的神合而为一。

下图：这段《亡灵书》中的文本来自公元前1250年的《阿尼纸莎草》(The Papyrus of Ani)，展现了抄写员阿尼的灵魂"巴"以及他的妻子在冥界中的情景。

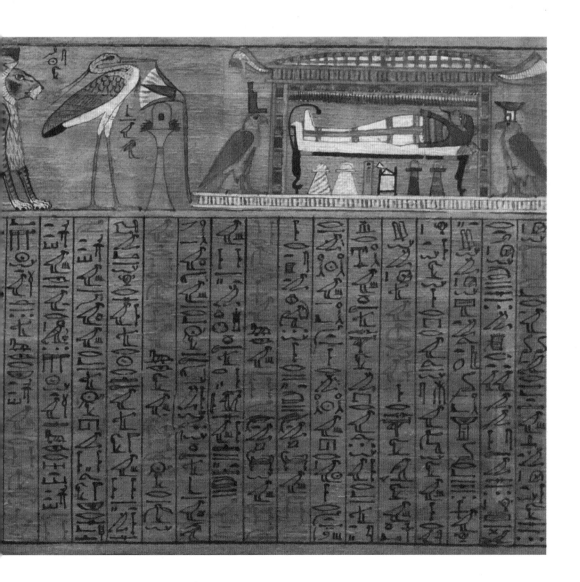

神的恩典和神的愤怒

在死者的旅程中，众神担任的角色充分反映了他们的特征，这些特征已经在古埃及人耳熟能详的神话中体现得很充分。因此，如《亡灵书》第125条咒语记载，神灵的行为，无论是残忍的还是善良的，都在人们的意料之中。

在第125条咒语中，长着胡狼头的阿努比斯带领死者来到真理之殿，奥西里斯将在那里称量死者的心脏，审判死者的灵魂。如果死者宣称自己的道德是高尚的，可以继续自己的旅程，那就要力证自己的诚实，竭力向在场的人保证自己在有生之年没有犯下42宗罪。死者面对的是一个由42名法官组成的委员会，一个人审理一宗罪，同时还要面对伟大的奥西里斯、托特和阿努比斯。只有在死者被宣布为可信的情况下，他才会走上永生之路。然而即使如此，这也不是最终的结果，因为死者的心脏还将被传递给真相与平衡女神玛特（Ma'at），她将同时称量心脏和鸵鸟羽毛的重量。如果心脏比羽毛还轻，灵魂就会被允许进入来世的旅程；反之，心脏将被扔到住在玛特大厅的恶魔女神阿米特面前，恐怖的阿米特长着鳄鱼的头、狮子的躯干和河马的后腿。她会将有罪的灵魂吞噬，使其无法安定下来，永远焦急地徘徊，永远无法到达芦苇之地。

这条咒语说明了万神殿里众神的多样性，以及即使是最高级的众神，也会参与每个人的来世之旅这件重要的事。它同时也显示了神的多面性，他们像人一样，每一位都可以同时展现光明的一面和黑暗的一面。而在这些神审判一个人的灵魂，或给予它永恒的幸福，或吞食并将它遗忘之前，他们自己也有许多丰富多彩的故事要讲。

3

第三章
混沌中创世

古埃及伟大的创世神为宇宙、大地及世间的一切构想着、诉说
着、传递着生命的力量，他们塑造了万物，包括自然的和人为
的。此后，众神和他们塑造的人类之间开始产生复杂的关系，
他们的故事经由无数的神话一一展现。

　　伟大的创世神话一直在变化，因此，宇宙和地球的形成并不能归
因于单一的方法或神明。这些基本的创世神话不仅随着时间而改变，
也随着统治者的说服力、祭司的想象力以及某个首都或诺姆统治的
时间长短而改变（因为每个首都或者诺姆都有自己的守护神）。

　　同样地，我们不知道个体会选择相信哪个版本的神话，也不知
道他们的选择是否始终如一。无论是口头传说还是书面文本，许多
创世神话可能都经受不住时间的考验，我们永远都不会得知它们究
竟是什么样的。某些特定的神话甚至可能是由相同主题不同版本的

对页图：刻有创世
神、太阳神拉的浅
浮雕。拉的猎鹰头
上顶着太阳圆盘，这
将他与荷鲁斯联系
在了一起。

神话片段拼凑而成的。

尽管缺乏确定性，但创世神话仍然数量众多，且都有力地描绘了众神。古王国时代，墓室墙壁上的金字塔文零碎地叙述或描绘了大部分创世神话，随后新王国时代有了更多有关创世神话的片段。这些零散的证据都表明，古埃及某些关于世界起源的神话确实是拼凑在一起的。

混乱中创世——赫尔莫波利斯神系

四位长着青蛙头的男性神明和四位蛇形的女性神明组成了八元神，他们是克梅努（或克姆努）的八位创造者。克梅努是埃及中部尼罗河西岸的一个城邦，后来希腊人把它命名为"赫尔莫波利斯"，意为"赫尔墨斯之城"。赫尔墨斯是一位与托特神、八元神都有关系的神。

下图：太阳从创世之地的中央石丘上缓缓升起，上埃及和下埃及的女神正在倾倒四周的水。

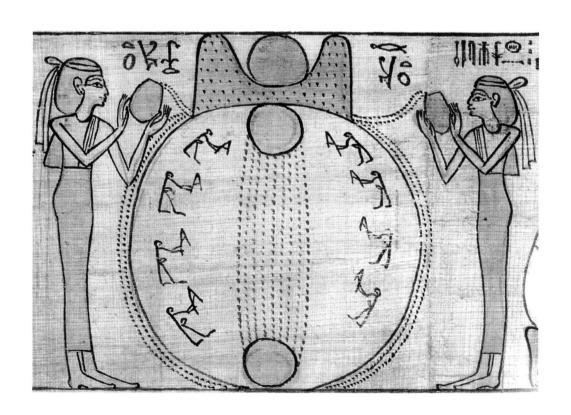

古埃及神话

托特虽是独立于八元神之外的神明，实际上却被称为"赫尔莫波利斯之王"。他是一位非常古老的、长着朱鹭头的神明，至少可以追溯到公元前6000年。据创世神话描述，一只巨大的朱鹭产下了一枚蛋，光芒四射的太阳神拉从中诞生，创造了这个世界及人类所需要的一切。因为托特与这个神话有直接关系，所以我们就能理解为什么祭司在宣扬他的品质、提升他在众神中的地位时，会认为他是八元神这些创世神的"灵魂"了。

在八元神中，男神女神搭档，共同创造宇宙、大地和所有维持它们的事物。与神明有关的青蛙和蛇都与尼罗河和洪水的奇迹密不可分；蝌蚪如同魔法一般地变成了青蛙，然后蛇出现了，随着洪水退去，肥沃的土壤奇迹般地显露出来。从宇宙的角度来看，可以这样解释：青蛙是一种在黑暗、深沉、混沌的水（努恩神的体现）中游动的小生物，现在可以跳到大地之上了。而在创世之初，大地只是一个土丘。

在一片丑陋的原初之水中，这个神奇的土丘是第一块干燥的土地，是各个神明以各种方式联合打造而成的。人们通常将它的出现归功于八元神的集体意志力和想象力。在赫尔莫波利斯，这片土地被称为"火焰岛"。

上图：长着朱鹭头的创世神托特也是月亮之神和知识之神。他手持牧羊人的拐杖，这说明他与王权有关。

克梅努的八元神

克梅努意为"八之城",是八元神的居住地。"八元神"这个称呼是希腊人创造的。以下是八元神的一些品质和职责。

阿蒙与阿蒙奈特(Amaunet),掌管空气、呼吸和能量的男神和女神,后来地位上升至底比斯众神之首。虽然阿蒙奈特的地位最终被女神姆特取代,但是阿蒙和太阳神拉后来成为古埃及最重要的神。在某些版本的神话中,阿蒙和阿蒙奈特最终脱离了八元神,他们的职责后被代表空虚的尼亚(Nia)和尼亚特(Niat)接替。

努恩与纳乌涅特(Nanuet),覆盖整个宇宙的,深不可测、浑浊而混乱的水域之男神和女神。

上图: 在这块木片上,神哈赫跪在象征着永恒生命的黄金标志上。

哈赫(Heh)与哈乌特(Hauhet),未成形的无限之男神和女神,有时被视为不可见的水流,常在努恩和纳乌涅特掌管的黑暗水域中起伏,造成混乱。哈乌特也代表着长寿。

库克(Kek)和库克特(Kauket)或盖瑞(Gereh)和盖瑞特(Gerahet),无尽的、令人不安的黑暗和所有被遮蔽、隐藏的事物之男神和女神。库克也被称为"带来日光的人",因为他是接近黎明的黑暗;库克特则是"带来夜晚的人",因为她位于日落的边缘。

八元神的诸多故事

许多创世神话或同一主题不同版本的神话都围绕着八元神展开。常见的说法是,八元神并没有亲自插手创造世界,而是推动着一股力量,使得赫尔莫波利斯的火焰岛从努恩掌管的黑暗、强大的原初之水中升起。

在这个岛上,一股力量在一个巨大的宇宙蛋中渐渐产生,这个蛋是八元神创造的。因为没有光的存在,这股力量一开始是不可见的,所以它没有名字。后来它从蛋里飞出来,变成了"光之鸟",这也是太阳神拉的一个分身。所以,正是拉创造了其他的一切,关键的一点是,他每天都会死去,第二天早上又会再次复活和升起。拉的复活和人类的复活,尤其是统治者、祭司和高级官员的复活,成为人们关注的焦点,直到古埃及王国的终结。

阿蒙和鹅神

古埃及人认为伟大的造物主阿蒙仅仅凭借呼吸就让宇宙蛋受了孕;还有一种说法是,他亲了一只天上的鹅，这只鹅生下了蛋，拉神从蛋中孵化出来，然后塑造了世界。这只鹅的名字是"Gengen Wer"，意思是"伟大的鹅"，它被尊为自然和生命的尊重者和保护者。正因如此，它有幸拥有一群忠实的、普通的追随者，尽管它温和的力量很快就衰弱了。在某个版本的神话中，蛋壳被埋在赫尔莫波利斯，塞特–玛特的石柱上描绘了这枚鹅蛋和许多蛋在一起的场景。塞特–玛特是"真理之地"，现被称为"代尔麦地那"，位于尼罗河西岸的底比斯。

随着时间的推移，古埃及祭司把阿蒙及其配偶阿蒙奈特提升为独立于八元神之外的主要神明，阿蒙的创世神话由此越来越受欢迎。托特的神话也是如此。托特经常出现在阿蒙左右，他被看作是一个勤奋的、强大的神，人们始终记得他的创世神身份。

在神话中，赫尔莫波利斯之王托特（后来也是上埃及地区的底比斯之王）是自古以来最伟大神明的忠实拥护者，始终伴随在神明身旁，后来又成为支持古埃及国王的智囊和行政长官。曾有祭司详细地阐述了托特的故事，称赞他是一个有创造力、有效率的仆人，是抄写员的至高神。这可能是祭司想在统治者面前证明自己和托特一样，是不可或缺的。

托特无疑是一个伟大的神，同时也与不同地区的其他神关系密切。有时他被称为"普塔之舌"，普塔是孟斐斯的创世神，口述了世界的存在。后来，在塞提二世（Seti Ⅱ）统治时期（前1200—前1194），赫尔莫波利斯的阿蒙神庙门口出现了托特的雕像。托特作为忠诚的伙伴和仆人出现在阿蒙身边，头戴月神圆盘和新月，照耀着阿蒙这个更伟大的神。

莲花塑身

如果非要用一个意象概括古埃及令人惊叹的文明，那一定是蓝色莲花。从古埃及最早的朝代一直到王国的终结，蓝色莲花一直以不同的形象反复出现。在赫尔莫波利斯神系的相关神话中，太阳在黎明时分以拉或圣甲虫凯布利（Khepri）的形象缓缓升起，冲出了花瓣已绽放的莲花。在一些神话中，拉继续创造了世界；而在另一些神话中，圣甲虫凯布利以太阳之子的身份出现，他将一根手指压在嘴唇上，让这个新形成的世界安静了下来。

在托勒密王朝晚期的一个传说中，八元神中的男性神明在危险的努恩之海中撒种，种子漂到位于火之湖的蛋形子房奔奔（benben）中，种子会在那里受精。接着，一朵莲花从蛋里长出来，花瓣绽开，一个男孩出现了。蓝色的莲花早晨浮于水面，晚上沉入水底，这是新生和复活的又一象征。

左图：这块陶片上描绘了莲花和蛇的图腾。

古埃及神话

普塔——孟斐斯唯一的创世神

普塔是孟斐斯唯一的创世神。孟斐斯位于尼罗河三角洲，靠近今天的开罗，是古埃及第二王朝初期的唯一首都。尽管普塔作为工匠之神的古老血统可以追溯到古埃及统一之前很久，但是他作为创世神的相关证据只能追溯到约公元前700年。在一块被称为"沙巴卡石碑"的玄武岩石板上，记录着关于他在孟斐斯创世神话中担任创世神这一新角色的故事。沙巴卡石碑上那古老的语言将他的故事向新王国时代的人们娓娓道来，当然这并不代表石头上神话的历史就只有这么久。

和其他伟大的众神一样，普塔自己创造了自己。现存于柏林博物馆的3048号莎草纸文本显示，普塔"创造了自己的身体，那时天空还未存在，大地也还未存在"。

普塔先是创造了自己，然后从他的心脏涌出并到达嘴边的思想塑造了宇宙、世界及其所有特征，有时他咳出的唾液会诞生神明。他通过自己的双手，用木头、金属和石头创造了众生、城镇和神庙。普塔的形象是一个全身裹布、头戴贴发帽的男人，很像木乃伊。但他的手上空空如也，这突出了他与生俱来的创造能力，或许也诠释了他工匠之神的头衔。

右图：这座雕像（前1390—前1353）刻画的普塔手持一根权杖，象征他持久地掌握着权力。

普塔和古埃及的政治

普塔的力量如此之大，以至于在某些神话中，人们认为是他想象并创造了九柱神：赫里奥波里斯的众神。在那些神话中，普塔创造了自己的妻子塞赫美特，然后他们一起创造了九柱神中其他神的创造者——阿图姆（Atum）。而孟斐斯的统治者和祭司们宣扬这种说法，很可能是为了提高首都孟斐斯的声誉，使之超过它的邻居赫里奥波里斯。

赫里奥波里斯的九柱神

阿图姆，伟大的创世神。随着王朝更迭，人们开始将阿图姆与第一束光之神拉联系在一起，有时甚至认为他就是拉本人。

舒（Shu），阿图姆之子，光之神，干燥的空气和虚空之神。

泰芙努特（Tefnut），阿图姆的女儿，潮湿、沉重的空气女神，自燃烧的太阳出现开始，她就是古埃及的保护者。和托特一样，她也是创世神普塔的舌头。

盖布（Geb），舒和泰芙努特的儿子，旱地之神。每一天结束后，盖布都会给太阳神拉提供一个休息的地方。

努特，舒和泰芙努特的女儿。

奥西里斯，盖布和努特的儿子，伊西斯的丈夫，植物之神。得益于史诗般的死亡和复活，他后来成为冥界之神。

伊西斯，盖布和努特的女儿，奥西里斯的妻子，她不顾一切拯救了已死的奥西里斯。她和奥西里斯有一个儿子荷鲁斯，名义上是九柱神的第十名成员，是促成古埃及统一背后的伟大力量。

赛特，盖布和努特的儿子，奈芙蒂斯的丈夫。赛特谋杀了他的哥哥奥西里斯，成为破坏者，混乱和恶毒之神。

奈芙蒂斯，盖布和努特的女儿，奈芙蒂斯帮助伊西斯把奥西里斯的身体碎片拼凑在一起，使其得以复活。

左图: 图坦卡蒙陵墓中出土的旱地之神盖布的雕像，由镀金的木头、彩陶和玻璃制成。
右图: 头戴羽毛的风之神舒，他同时也是海员之神。
对页图: 女神泰芙努特站在普塔后面，出土自拉美西斯二世的祭庙。

创造善良与邪恶——九柱神

被希腊人命名为九柱神的众神是赫里奥波里斯的主神。在分别代表着善与恶、和平与战争的奥西里斯和赛特史诗般的神话中，九柱神中的一些神参与了审判。这是一个与众不同的创世神话，因为它虚构了十分强大又矛盾的情感力量，这些情感力量反过来又导致了不同的行为和后果。奥西里斯和赛特的神话创造了一个促使人们意识到良知的情境，因为他们二人需要在两条相反的道路中做出选择，而那些支持正义的人身上往往都带有英雄主义色彩。

九柱神可能是一群创造了人类极端心理和情绪的神，同时，他

们也塑造了一套能够维持社会和谐运转的法律体系，所以他们大概也能够帮助人们摆脱因这些极端情绪而制造出的混乱。奥西里斯和赛特的神话虽然看上去像是关于"好人"和"坏人"的刻板故事，但随着时间的推移，赛特的角色特征也变得微妙起来，他偶尔也会承担保护者的角色。

赛特谋杀了他的哥哥奥西里斯，这是无可否认的事实。所以人们需要找到一种复活奥西里斯的方法，使永恒的神的概念延续下去。虽然奥西里斯的神话并没有创造出永生的概念（这更多属于太阳神的领域，每天黎明时他都会再次出现），但是弄清楚生命、死亡和复活对于人类来说是非常实际的需求，而对于国王渴望其统治不朽来说也是不可或缺的。

创造自我：阿图姆的神话

阿图姆利用自己的力量创造了自己。在神话中，阿图姆创造自己后，想在努恩的黑暗之水中寻找一处立足之地。他看到有固体从泥浆般的水中缓

缓升起，于是站了上去，后来他意识到那是母牛女神梅赫特-韦赖特（Mehet-Weret）的身体。

另一个版本的神话提到了一座小岛，当一年一度的洪水季结束，尼罗河水退去，这座岛就会出现，这也是赫里奥波里斯所在的地方。阿图姆栖息在这个岛上，创造了"所有神的祖母"——女神尤萨塞特（Iusaaset），后来他们一起创造了男神舒和女神泰芙努特。

据金字塔文记载，创世神（推断是阿图姆）以贝努鸟的形态从混乱的黑暗和努恩的泥沼中飞出。贝努鸟是一只如凤凰般的苍鹭，它要飞往赫里奥波里斯，并将于黎明时分降落在该处代表太阳光束的方尖碑顶端。在制作了一堆药草、香料和香木后，苍鹭突然燃烧起来，但又奇迹般完好无损地复活了。因此，它常常被古埃及人视为复活的太阳神拉的灵魂。方尖碑上的顶石，即小金字塔，也被称为"奔奔石"，象征着再生和轮回，就像太阳一样。

也正是因为这些与九柱神有关的神话，古埃及后来才衍生出史上最伟大的转世神话，即奥西里斯的神话。

下图：霍伦海布（Horemheb）跪在创世神阿图姆面前，阿图姆的神话后来融入了太阳神拉的神话。

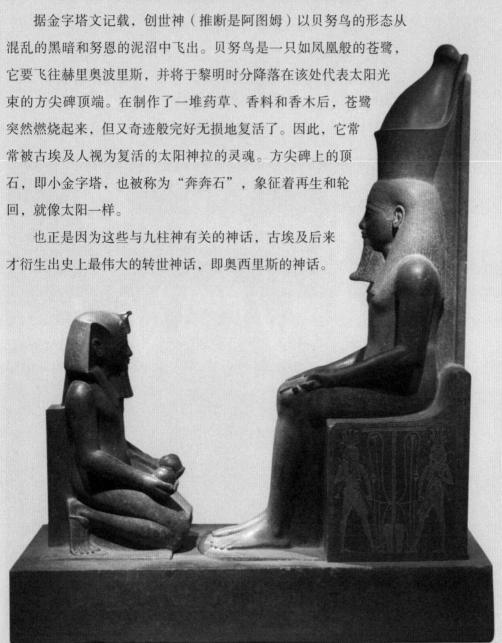

奥西里斯的神话

　　作为草木之神，奥西里斯本应守护着古埃及人民种植茂盛的小麦，管理青翠的牧场，过着身负重任但平静安宁的生活，但他的智慧和勤奋却使他成为古埃及的神圣之王。他周游世界，传授古埃及人民关于神、神的角色和敬奉神的仪式的知识，将文明传遍了整个古埃及，他善良、慷慨的性格使他受到所有人的喜爱，而只有他的弟弟赛特嫉妒他。赛特嫉妒人们对奥西里斯的爱和尊敬，并对奥西里斯的妻子伊西斯怀有很强的报复心理。因为当奥西里斯缺席时，统治古埃及的权力掌握在伊西斯手里。

　　赛特决心要让他这位广受欢迎的哥哥从宇宙中消失。在72名随

右图：这是一组用黄金与青金石制成的雕像（约9世纪），中间是奥西里斯，两侧分别是他的妻子伊西斯和儿子猎鹰之神荷鲁斯。

古埃及神话

从的协助下，赛特设计了一个在派对上表演的戏法。他们带着一个制作精美的箱子去参加宴会，邀请所有的客人试着躺在箱子里，看谁最适合这个箱子的尺寸。奥西里斯不知道的是，这个箱子是赛特特意根据他的身材打造的。所以轮到他躺下的时候，他的身体和箱子完美契合。这时，赛特和他的朋友们"啪"的一声合上了箱盖。箱子就这样变成了棺材，并被扔进了尼罗河里，奥西里斯就这样被淹死了，伊西斯伤心欲绝。但伊西斯想要复活奥西里斯的心意十分坚定，她发现箱子漂浮着卡在了黎巴嫩港口处毕布罗斯外的一棵树上。她随即带着箱子回到古埃及，悉心照料着奥西里斯的尸体，却不料赛特立刻就知道了箱子被找回来的消息。赛特勃然大怒，又将奥西里斯的尸体撕成了13块，分别藏到了13个地点。但伊西斯仍未放弃，除一只眼睛外，她找到了其他所有尸块。在妹妹奈芙蒂斯的帮助下，伊西斯把尸块拼凑在一起，做成了木乃伊。最后，伟大的众神施展奇迹，奥西里斯复活了。在奥西里斯死去的时间里，伊西斯还完成了另一项非凡的壮举，她怀上了他们的儿子——伟大的猎鹰之神荷鲁斯。

这本来是一个完美的爱情故事，除了一点：伊西斯的妹妹，赛特的妻子奈芙蒂斯也遇到了奥西里斯，狂欢中醉醺醺的二人将身体缠绕在一起。洪水（奥西里斯）冲刷着红色的沙漠（奈芙蒂斯），沙漠中绽放出一片鲜花。奥西里斯给他的情人留下了一个甜蜜的礼物——黄色三叶草花环。有人说他们的结合创造了胡狼头神阿努比斯，他是木乃伊和死者的保护神。但两人转瞬即逝的激情并没有改变伊西斯的心意，她始终怀着爱和宽容，与奈芙蒂斯一起复活了奥西里斯。

正是该神话（及其他版本）与太阳神拉的每日重生神话共同形成了古埃及人对复活的信仰基础，围绕着这个基础，古埃及社会衍生出了复杂的仪式和祭司之职，还建造了神庙和大金字塔。就这样，奥西里斯仍是冥界之王，而他的儿子荷鲁斯则会继续与赛特进行持久的斗争。

奈茨、赫卡和库努姆神庙

　　库努姆神庙直到罗马皇帝图拉真（Trajan）统治时期（98—117）仍在修缮，它始建于图特摩斯三世（Thutmose Ⅲ）时期（前1479—前1425），是献给奈茨和赫卡（Heka）的。赫卡是魔法之神，作为拉的下属之一，一些人认为她也是世界的创造者。奈茨和赫卡的重要性体现在他们与库努姆（Khnum）的亲密关系上。库努姆是伟大的洪水、肥沃的淤泥和陶工之神，他从尼罗河里挖出泥土，在陶轮上铸造了神和人类。

　　身份复杂的奈茨女神被视为统一者和创造者，衣服上绘有下埃及的红冠和上埃及的白冠标志。在某些神话中，因为奈茨创造了恶毒的蛇神阿佩普，所以她也被描绘成一个破坏者。由此可见，人们既爱戴神，又惧怕神。

下图：库努姆神庙位于上埃及尼罗河沿岸的埃斯那，其大部分建筑都在地下约9米处。

古埃及神话

太阳神的创造者——奈茨

作为一位可能与北非柏柏尔文化有关的古代女神，奈茨既充满智慧又好战，因此她的象征标志是盾牌上交叉的两支箭。但作为编织之神，她"编织"了世界，而且每天都在重新编织。在很长一段时间里，奈茨都作为创世神存在，后来人们又将她与八元神联系在一起。奈茨用她的体液使一枚蛋受精，造出了太阳神拉，拉后来替代了阿图姆的角色。然后，阿图姆又用唾液创造了更多的神，还用眼泪创造了人类。

作为拉的创造者，奈茨后来与象征生育的奶牛联系在一起。在神话中，她从努恩之水中出现，由尼罗河中的鲈鱼变形而来。她堆砌出一块土地，站在上面，像一头初生的牛犊。她又创造了30个次要的神，待到某些神变成了八元神，就帮助她塑造了世界上的其他事物。在卢克索以南约55千米的埃斯那，奈茨的形象被雕刻在库努姆神庙的墙壁上，象征着永垂不朽。

地方创世神的升级

随着时间的推移，古埃及的统一导致了主要创世神的变化，打破了八元神、九柱神和孟斐斯神系之间的限制。这象征着在有创造力的、有时是狡猾的和政治化的祭司以及神圣国王的领导下，一个特定的地方神逐渐走出了所在的城市或地区，获得了更大的权力。

赫尔莫波利斯的阿蒙、赫里奥波里斯的阿图姆、太阳神荷鲁斯和天空之神哈拉胡提（Horakhty），与其他神一起，成为更广泛的众神中的主神，其影响力范围远超他们自己创造的根据地。一些人认为，从莲花中出现的男孩是涅斐尔图姆，也就是后来伟大的国神阿图姆；另一些人认为，男孩是年轻的荷鲁斯，是拉–哈拉胡提（Ra–

Horakhty）[1]的产物，是两个神辉煌的融合体。他的出现描绘了太阳神拉从无垠的天空中升起的场景，因此这两个神都被视为整个古埃及王国的保护神。

创世时代逐渐远去，但八元神、九柱神和孟斐斯的神并没有消失得无影无踪。在一些传说中，八元神被埋葬在底比斯附近的伊德富、伊斯纳和哈布城的神庙中心；而在另一些传说中，他们溶于尼罗河之水，永远守护和滋养着这片水域。那些凌驾于众神之上的神连同神谱上次要的神，共同维持着宇宙的秩序、伴随日升日落的生死循环、季节的变换以及大地上包括人类的所有生物的命运。

努恩的威胁

努恩从混乱的泥沼中出现，创造了坚固的大地，但这种稳定的

[1] 在后期古埃及神话中，拉与荷鲁斯合并成为复合神，即"拉-哈拉胡提"，意为"拉是地平线上的荷鲁斯"。——编注

下图：卡纳克神庙建筑群也被命名为"Ipt-Swt"，意为"精选之地"，指它建造在创世之时的原始土丘之上。

古埃及神话

上图：一幅刻画创世太阳神拉的浅浮雕，展现了拉正乘船在夜晚的黑暗领域中航行的场景。

状态不会持续下去。古埃及人将努恩的回归视作持久的威胁，代表这种威胁的是恶毒的蛇神阿佩普。他每天晚上都在试图谋杀太阳神拉，并用他可怕的咆哮填满黑暗。据《亡灵书》记载，伟大的神阿图姆曾警告奥西里斯，总有一天，努恩浑浊的水会再次升起，黑暗会再次笼罩大地。

几千年来，古埃及众神每天都在努力阻止被人们遗忘的黑暗再次逼近。为了确保得到众神的祝福和干预，祭司和普通人都通过举行仪式、祭奠、供奉以及建造巨大的雕像和神庙来赞美、恳求他们。这样一来，太阳就总会在早晨升起，洪水就每年都会泛滥，死亡就永远无法战胜生命。

更通俗地讲，神话充分描绘的众神的职责和特征都在人间体现了出来，并得以应用于日常生活，各种形态下的诸神都与人们一起工作和娱乐。然而我们知道，要想让古埃及的历史车轮滚动起来，光有创世神是不够的。

第四章
世俗生活中的神与神话

对于普通的古埃及人来说，伟大神明的创世神话与他们的日常
生活相距甚远。但是，主要神以及许多次要神仍然始终在满足
国王和臣民日常生活中不同的物质需求和精神需求。他们捍卫
人类的技能，满足人类的愿望，帮助人类完成种种任务、通过
重重考验。

古埃及人生活中最重要的三个价值观是平衡、秩序和真理，它
们能够遏制混乱和冲突。女神玛特是宇宙中一切对立事物的仲裁
者，她维持着天堂的稳定。同时，无论在人间还是在冥界，她都是
正义、和谐与和平的传递者。古埃及人能在一切中感受到玛特的存
在，无论是工作还是生活。他们遵循她的价值观，以便能够体面地
生活，关心身边的所有人，并为他们生活的社区、地区和国家谋求
更大的利益。如果他们没能做到，社会和法律就都会抛弃他们。

"玛特很伟大，她永不停息地工作……她为初出茅庐者铺平道

对页图：排列整齐的
的奥西里斯雕像守
护着女王哈特谢普
苏特（Hatshepsut）的
祭庙，女王给自己冠
了一个王衔：玛特卡
拉（Ma'atkare）。

路。"这是针对玛特的典型描绘，强化了两个她的主要优势：她很勤奋，她在普通人的一生中担任着仁慈且可靠的向导角色。自天堂存在伊始，玛特（平衡）就一直稳定存在着，在人间——无论是最宏伟的宫殿还是最简陋的房屋——也是如此。

在冥界中，玛特是决定死者命运的关键。所有的古埃及人民都

应该熟悉奥西里斯的神话和他的冥界之旅，因为审判死者的程序就是据此创造出来的。在冥界，玛特的角色至关重要：她有一架天平，一侧放置死者的心脏，一侧放置鸵鸟的羽毛，以此评估一个人的灵魂，看他／她是否度过了真实且有价值的一生。

玛特是太阳神拉的女儿，是级别最高的神之一，众神都爱戴她。正是因为她仁慈的干预和审判，宇宙的车轮才能不停地滚动。她的使命是带来和平。玛特是赫尔莫波利斯八元神的领导者，也是古埃及诸多伟大神明的母亲（包括阿蒙神）。

上图: 玛特的头上插着一根真理之羽，她张开了保护人们的翅膀，有时她的头也会被一根鸵鸟毛代替。

玛特的可靠

玛特是众神的母亲和女王。她偶尔会被描绘成手臂长有翅膀的形象，但几乎总是戴着王冠，王冠上面装饰着鸵鸟羽毛，代表着世界和宇宙的真理与秩序。她的图腾形象是一块坚硬的石板，她有时就在上面休息。石头体现了她的可靠性。她是一个永远不会崩溃的坚实基础，是从混乱和令人不安的努恩之水中升起的大地上的第一个岛屿。有时她一只手拿着权杖，另一只手拿着象征生命的安卡，身边还放着天平。

王室对玛特的尊敬

下图：女王哈特谢普苏特头戴法老的哈特王巾，身着短裙。她坐着的姿势表明她正在接受供奉。

统治者即位后，人民要求其恢复玛特（Ma'at），即神圣的秩序。这样一来，由前任国王之死引起的混乱，或者说伊斯菲特（Isfet）就可以获得平衡，和谐就会得以恢复，这对公民和统治者来说都很重要。在某一戏剧性的仪式中，太阳神拉（由国王扮演）的船驶过"天空"，玛特则站在船头。国王的手里通常会拿着一个玛特的小雕像，以证明他想要恢复玛特以及对玛特的忠诚。在整个统治期间，国王自觉有义务建造和维护神庙，向玛特和他的人民表示虔诚。

国王阿蒙霍特普三世（Amenhotep Ⅲ）宣称，是玛特把伟大的造物主阿蒙放在他的心上的。阿蒙霍特普三世甚至把他的维西尔改名为"内布–玛特–拉"（Neb-Maat-Re），即"真理之王是拉"。阿肯纳顿（Akhenaten）则不崇拜阿图姆以外的大多数神明，但即便如此，他在统治期间仍然做出了不同寻常且令人惊讶的举动，即宣誓效忠玛特。玛特应该受到尊重，这可能是因为她不仅是权力的女神，也是人民的女神，这一点不容忽视。

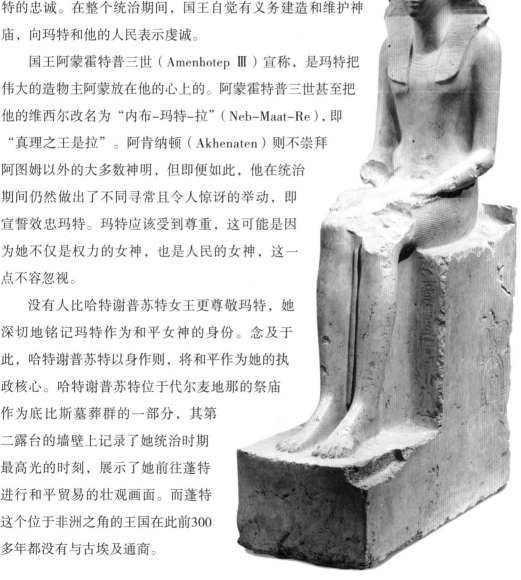

没有人比哈特谢普苏特女王更尊敬玛特，她深切地铭记玛特作为和平女神的身份。念及于此，哈特谢普苏特以身作则，将和平作为她的执政核心。哈特谢普苏特位于代尔麦地那的祭庙作为底比斯墓葬群的一部分，其第二露台的墙壁上记录了她统治时期最高光的时刻，展示了她前往蓬特进行和平贸易的壮观画面。而蓬特这个位于非洲之角的王国在此前300多年都没有与古埃及通商。

哈特谢普苏特长途跋涉1000千米，到达那片黄金、乌木和没药之地，来到了蓬特的国王和王后面前。多刺的没药流出的芳香树脂可以用于尸体防腐、净化和祝福仪式，也可以用作消炎药，没药丛本身被认为与治疗女神伊西斯有关。就这样，哈特谢普苏特修复了两国关系，开放了贸易，选择了和平对话与合作，而非侵略。

哈特谢普苏特女王决心要表现出她对玛特的忠诚，也就是她对真理与和谐的忠诚，因此她称自己为"玛特卡拉"，意为"正义是太阳神拉的灵魂"。她的奉献精神是如此强烈，甚至在位于底比斯的卡纳克神庙群建造了玛特宫殿，里面有一个用红色石英岩砌成的小礼拜堂，用来停放承载玛特雕像的轻便船只。

玛特宫殿建在门图神庙区的南端。乍一看，这是一个有趣的选址，因为门图是一个长着猎鹰头的、凶猛的天空战神——正是玛特的对立面。然而，考虑到哈特谢普苏特的统治，以及玛特始终作为消除分歧和平衡各种力量的神，这一选址也并非不合理。

下图：在哈特谢普苏特的"至圣所"祭庙中，柱廊墙上的浅浮雕展示了她的蓬特之行。

玛特——世俗权力的给予者

统治者能拥有至高无上的地位完全归功于玛特，所以统治者要忠于她的精神，但许多统治者无法做到这一点。哈特谢普苏特去世后约20年，她的继任者图特摩斯三世全盘抛弃了玛特的精神。在无缘由的愤怒之下，图特摩斯三世下令销毁女王的画像，捣毁她的帆船和圣殿，并以自己的名义重新建起了圣殿。尽管人们普遍认为违反玛特的法律会给王国带来混乱和毁灭，但对于图特摩斯三世来说，无论是玛特还是玛特通过和平与正义来平衡世界的方式都只是一种选择，而并非一种义务。

上图：图特摩斯三世建造神庙以纪念他在古埃及的军事扩张事迹，他在位时，扩张范围从北部的叙利亚延伸至南部的苏丹。

我们很难判断图特摩斯三世的行为在统治者中是否只是个例，他的动机也无人知晓。然而，哈特谢普苏特对玛特的奉献并没有白费，因为她远赴蓬特的传说并没有消亡，而是在百姓中流传更广。图特摩斯三世无法完全抹去哈特谢普苏特留下的遗产。据说只要找到尼罗河西岸祭庙附近生长的一个扭曲的没药树桩，就可以追溯她的蓬特探险。她的祭庙也被称为"Djeser-Djeseru"，即"至圣所"，这证明了她对玛特的忠诚，也证明了她想要取悦玛特的心。

玛特和土地律法

对各个阶层的古埃及人来说，坚持玛特的原则就是在生产凝聚社会的黏合剂。维持玛特（平衡）是所有人赖以生存的基础，也是法庭审判每一个人或每一件事时所依据的准则。然而，一个延续了数千年、有着严格执法程序的文明却没有成文的法律法规，这是很有意思的一件事。

从现存相关文物中发现，古埃及遗留了审理各种纠纷和犯罪等案件的法庭记录：具有法律约束力的合同和遗嘱，记录在案的家庭纠纷、离婚诉讼、人身攻击和谋杀等案件，以及看似微不足道的有关雇用驴的纠纷。然而，没有任何迹象表明古埃及人对这些案件的审判采用了一致的法律法规。

这仿佛是在说明，每桩案件都是由一系列独特的情况构成，需要与证人核实，以及斟酌与平衡，好让玛特的法律得以施行，使真相水落石出。不过随着时间的推移，一系列案例积累了起来，因此后来的判决不是完全无据可依的。到了新王国时代，人们会把原告、被告和证人的陈述写在莎草纸上，保存在陶瓷罐里。所有的案件、证据和先例都需要被记录下来，因此就需要非常有能力的神在旁协助，这个神就是托特，他是玛特的丈夫（像大多数伟大的神一样，托特拥有不止一个伴侣）。古埃及人认为，托特在天文学和数学上的技能以及玛特维持稳定与平衡的能力使得他们二人绘制出了太阳运行的路线。玛特还能使太阳神拉在白天和夜晚沿着安全、稳定的路线前进，因此她通常也被视为"拉之眼"。这对于古埃及人来说非常重要，这可能给予了他们信心，让他们相信玛特和托特有能力指导维西尔及其他官员、祭司在法律案件中做出正确的判断。因为在那时，法官还没有作为独立的职业被明确定义。

保护努力工作的抄写员

记录是古埃及社会最伟大的司法和行政技能，而司法和行政是保证社会获得玛特要求的秩序所必需的两个方面。中王国时代，由于莎草纸文本的普及，书面文字在一定程度上实现了大众化，社会大量培养出成批的抄写员。其中许多书卷上记录的咒语，都是人们实现死后穿越冥界、进入极乐世界的永恒指南。现在人们终于可以

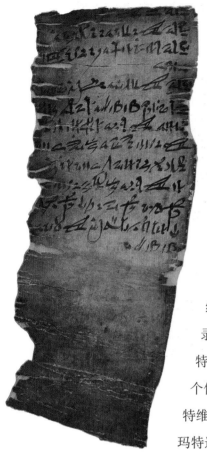

上图：这份写在羊皮纸上的法律文件列出了被传唤前来解决争端的证人名单，这对实现玛特的正义至关重要。

确保永恒的契约

众神和来世一直以来都是古埃及人考虑的问题，甚至在法律中也是如此。例如在中王国时代，修建陵墓中礼堂的工人和古埃及中部城市艾斯尤特的首领德杰法哈皮（Djefahapy）签订了一份雇佣合同。根据合同，德杰法哈皮每天都要向众神供奉祭品，并举行祭拜仪式，以安抚神明。还有一份合同是付款契据，有关一位父亲创建的一项基金，规定只要他的继承人一直保持对他的崇敬，就可以从基金中获得酬劳。这种方法非常巧妙，既能让自己永垂不朽，又供养了他的家庭。

在纸上阅读这些咒语，而不只是在脑海中记忆了。

这些抄写员从五岁开始接受教育，最终获得了很高的地位。他们不但会写字还会计算，可以在很多地方派上用场。最初在古王国时代，抄写员都是一些富有的官员和与之地位相同的人的儿子，但后来因为抄写员的职位变得非常抢手，所以那些家境贫穷但天资聪颖的男孩女孩也被招收了进去。

抄写员通常坐在写字板前，面前放着芦苇笔和墨水瓶。黑色墨水由煤烟和树胶在罐子中混合制成，黑色是赋予人们生命的尼罗河里淤泥的颜色；红色墨水由红色赭石和树胶在罐子中混合制成，红色是生命和火的颜色。通过这些工具，直至古王国时代，抄写员创造了象形文字，象形文字后又逐渐发展成为书写更快、连笔写成的僧侣体文字；最后在公元前700年左右，又发展成为能够更自由地书写的世俗体文字。抄写员主要使用黑色墨水书写，重点处或者神圣的文字之处用红色墨水书写。他们的工作被认为是神圣的，因为他们记录了神的话语（*medu netjer*）。

上图：这是一份使地主和农民之间的分粮约定合法化的合同。

圣言之主托特的象征

这位伟大创世神的形象有时是一个长着
朱鹭头的人，有时则是一只完整的朱鹭。据说
他从月神孔苏那里赢得了一道银光，这道银光
恰似一弯新月，这表明他是神奇的天空之神和
天文学家。自新王国时代起，用于书写的调色
板和芦苇笔又显示了他的技能、他的现代性，
以及他对古埃及数量庞大的抄写员的保护，所
以人们有时也会刻画一只狒狒的头来象征他那
惊人的智慧。

右图：《胡内弗审判图》（*Papyrus of Hunefer*）中，托特在记录
皇家抄写员胡内弗的灵魂审判结果。

　　托特究竟是太阳神拉（下了第一颗宇宙蛋的朱鹭）的儿子，还
是被话语创造出来的？和大多数神明一样，托特的起源和神话故事
随着时间的推移而改变。到了新王国时代，他的角色领域逐渐缩
小，主要变成了抄写员之主或圣言之主。因此，把托特看作是一个
主管文字的神，或许能够巧妙地契合他的起源和职责。这不仅对国
王和维西尔有利，也方便所有古埃及人掌握文字。当人们在法庭上
陈述的时候，他们知道对此负责的正是托特——这位文字大师和记
录的保管者。

　　然而，抄写员的保护者并非只有托特一人。当作为圣言之主
时，托特有另外一个妻子，这个妻子不是他作为创世神时的配偶玛
特。玛特的推理和写作技能与托特相当，甚至可能比他还强。托特
的另一位妻子是塞莎特，她被认为是一位安静、谦逊的女神，她也
是托特的助手，一位女性抄写员。她在各个阶层和各种情形下的角
色、技能和影响力都远超她谦逊的名声。

　　塞莎特的王冠上有一个七角星头饰，呈弓形，后来弓被重新

解读为一朵花。星星象征她的宇宙地位，数字"7"象征她的准确性以及某种统一性和完整性，可以完美应用于代数方程的解答。弓形加强了她精确的特质，也可能代表了一道弧光，在这里可能是指知识。塞莎特的装饰也许给予了勤奋的抄写员一些信心，相信她有能力在人间保护他们。在天堂里，她会向抄写员许诺永恒，作为对他们不懈努力和服务的奖赏。

在人间，作为生命之屋（*Per Ankh*）的神庙图书馆里面存放着各种各样的文字作品，包括可以确保书中主人公得到永生的传记。学者们通常会正式地聚集在图书馆中，讨论这里存放的无数科学和数学的论文。塞莎特会保护他们所有人，以及他们所代表的古埃及丰富的文化和知识殿堂。

上图：塞莎特头发的蓝绿色代表着保护。

塞莎特之屋

塞莎特没有固定的住处。神庙被视为众神的真正家园，但是没有神庙是特意以她的名义建造的，这或许意味着她无法靠人们供奉的食物维持生命。塞莎特的家和食物也许来源于她的知识、技能和语言，当她写下一些东西时，它们可能就会变成真实的来到她的生活中。虽然塞莎特因为学识广博而没有被赠予房屋，但作为图书管理员的保护神，她拥有了世界上所有的图书馆和缮写室。她的天堂图书馆里就存放着她在人间书写的每一段文字的副本。

右图：这尊黑色的玄武岩雕像（约前2000）展示了一个坐着的抄写员和他的书写板。

人民的抄写员

不难看出，古埃及的大多数人都将抄写员的书写和算术能力视为神明的馈赠，因为这不仅能让他们接触到帮助死者通往来世的仪式和法术，还能让他们接触到会计工作、法律文件，以及正式和非正式的信件。到了第一中间期，国王的权力下放至各地方统治者，各诺姆不再受制于王朝首都及其惩罚性的税收制度，因此变得更加富有，财富渐渐流入普通人手中。而这不仅意味着消费主义的增长和大众市场上商品的加速生产，也意味着人民将拥有足够的购买力去雇用抄写员以提高他们的生活质量，以及面对死亡。

通过处理和阅读文本，古埃及人变得更有文化，因此能够更好地控制他们的日常交易以及与雇主、客户、邻居、合作伙伴的冲突。虽然抄写员数量激增，但赋予他们技能的众神的力量却丝毫没有被稀释。1905年9月，古物学家埃内斯托·斯基亚帕雷利（Ernesto Schiaparelli）系统性发掘了第一个古埃及工人村庄，并有惊人的发现：古埃及人读写能力的普及化，以及神参与日常生活的记录，在该遗迹中体现得相当明显。

埃内斯托·斯基亚帕雷利

埃内斯托·斯基亚帕雷利自1884年起从事埃及古物学方面的工作。他曾是佛罗伦萨自然历史博物馆埃及考古部门的主管，后于1894年成为都灵埃及博物馆的馆长，在那里他积累了大量的考古发现。

斯基亚帕雷利意识到，发掘和收集文物只是表面工作，而环境考古学却会提供一个历史经验视角，于是他把更多的精力放在了真实的遗址上。1901年，作为意大利考古队队长，斯基亚帕雷利发掘了王后奈菲尔塔利的皇家陵墓。1905年，他在附近的工人聚居地代尔麦地那有了更多的考古发现。1906年，虽然斯基亚帕雷利曾表示支持环境考古学，但他仍将生活在公元前1400年左右的皇家建筑师卡哈（Kha）和他的妻子梅瑞特（Meryt）的陵墓和陪葬品都迁移到了都灵。

在这个工人村发掘出的文物揭示了抄写员职责的多样性。村庄里的人是皇室为了建造、粉刷和装饰位于尼罗河西岸底比斯南部的贵族陵墓而召集起来的。代尔麦地那建于拉美西斯时代，因此莎草纸或小块的扁平陶片上成千上万的文字，都是用比象形文字书写更流畅的僧侣体文字写成的。

这些文本不仅涉及宗教或法律，有些还是当地医生开出的病假条和处方。有父亲恳求医生为他的儿子治疗失明症；有耍蝎人向祭

右图：代尔麦地那被官员们命名为"玛特之地"或"真理之地"，因为他们相信建造它的工人受到了众神的启示。

司提出请求，希望祭司提供一种制作某种特殊药物的原料。这些表明古埃及人的信仰体系在社区生活中扮演了重要的角色。

这些文本中还有许多是信件，是看起来很普通的家庭信和请愿信，这证明了所有背景和收入阶层的人都有阅读的能力，无论男女。目前，仍有成千上万的文本需要翻译，且需要结合村庄的历史背景进行研究。这个村庄里如此多样化的社区，显示了建造王室陵墓需要具备各种技能的工人。

上图：陶片上记录了一份送到代尔麦地那的杂货清单。

以塞莎特的方式保存的记录

塞莎特可以保证记录的准确和详细，而这一能力完全符合国家的需求，这在代尔麦地那的一项最有价值的发现中得到了证明。它是一份长达280天的工人出勤记录表，据推测是一位官员撰写的。记录的起始日期是法老拉美西斯二世统治的第40年。每个工人的名字都记录在册，如内菲拉布（Neferabu）、塞巴（Seba）、帕瑟（Paser）、帕库鲁（Pakhuru）等，名字后面还有该工人是在哪一年的哪一个季节做了登记的相关记录。

有些工人缺勤的原因令人伤感，如"为他的母亲做防腐处理""哀悼他的儿子""为他的兄弟做防腐处理"，还有"为他的兄弟奠酒"。这些向我们展示了古埃及劳动人民是多么信奉神所要求的与死亡相关的仪式和过程。在这种倾向下，甚至有一个缺勤原因上仅仅写着"葬神"，而这可能只是举行一项埋葬守护神小雕像的仪式。请假理由中还有"供奉神"和"与他的神在一起"，紧随其后的是两次"他的节日"。我们不知道这些与神相关的缺席理由是会受到赞扬，还是会受到谴责，但事实是似乎都得到了批准。这就加强了一种观念，即神明是要被尊重和安抚的，而且仅利用业余时间是不够的。

其他缺勤的原因有关工作本身，上面记录了为什么某个工匠或劳动者不能再从事该项日常工作。其中包括丧失工作能力，譬如多次出现的"眼睛难受"。"眼睛难受"看起来似乎是一个站不住脚的借口，但是考虑到刺眼的太阳、昆虫、从撒哈拉沙漠吹来的风沙，以及建筑工人、室内装饰师和艺术家用到的砖块、石头和研磨颜料时扬起的沙尘，眼睛难受可能是一种常见的工伤。

上图：陶片上记录了代尔麦地那工人缺勤的原因。

古埃及神话

打断工人日常工作最常见的原因是"为抄写员取石头"，从这可以看出，抄写员在整个项目中的地位十分重要。此外，工人有关家庭的合理需求似乎也被考虑在内，因为"加固他家的门"和"建造他的房子"都被记录为合法缺勤。"酿造啤酒"也是如此。啤酒是最常见的饮品，与水不同，它可以直接饮用（水需要经过滤、煮沸等工序后才能饮用），当然这也是最初人们酿造啤酒的原因。

在工作日请假去配制药物被认为是神明保佑的活动，包括"为抄写员的妻子制作药物"或"与孔斯（Khons）一起制作药物"。孔斯可能是孔苏的另一个名字，特指"善良而富有同情心的孔苏"。孔苏是阿蒙和穆特的儿子，是底比斯三柱神的一员。但这里的孔斯更有可能是一个普通人，因为人们经常以神的名字为自己的孩子命名，以显示对神的敬意。不论如何，这些都表明了神在日常生活中的重要性。

下图: 这个简陋的眼影粉陶罐也可以用来盛柴火灰。

因"眼睛难受"而涂眼影粉

在某种程度上，眼线膏、眼影粉可以保护眼睛免受阳光的暴晒、灰尘的伤害，还可以防止昆虫进入眼睛。科学实验表明，眼影粉中的铅离子可以赋予眼线膏以药用性，从而刺激眼睛周围的抗菌细胞，诱发免疫反应，虽然药性最终会转变为毒性。眼影粉被视为一种神秘且神奇的化妆品，普通工人甚至富人都会热情地涂上厚厚的眼影粉。涂眼影粉也被人们认为是祈求荷鲁斯和拉保佑的途径。眼影粉以岩石矿物，尤其是含有硫化铅的方铅矿为原料制成，还需要用某种扩散性液体，如油或树胶，以及像茴香和珍贵的藏红花这样的草药稀释。穷人会在眼影粉中添加煤烟和动物脂肪等廉价原料，富人则会将眼影粉与昂贵的乳香、黄金、珍珠和宝石等物的粉末混合，其中每一种成分都有于古埃及人而言特殊的精神价值。

除了工人出勤记录表，代尔麦地那出土的一份书面形式的法律文件也充分证明了人们非常重视神对记录的准确性和人类勤奋的严格要求。文件显示，有一位负责领导工人的维西尔能力不足，他的工作没有达到标准。显然，一项工作需要按照神的严格要求来规划和执行，否则就无法完成，和谐女神玛特也会感到失望。也许一切都将崩溃，而原因就可能是建造工程的计算环节出了问题。这种情况

代尔麦地那和家庭神

黛博拉·斯威尼（Deborah Sweeney）博士的一项研究——"代尔麦地那的家族神"，深入研究了住在工人定居点的三个家庭的相关记录，以探究生活在拉美西斯时代（前1295—前1069）的几代人是否只崇拜一个特定的"家族神"。她的研究材料有文字、涂鸦、小雕像、石碑和供桌等，结论是，其中的森尼杰姆家族始终只崇拜阿蒙神及其妻子姆特。研究发现，这个家族的成员从事的职业五花八门，从工人到主管再到抄写员，因此这些样本能够表明，在更广泛的群体中也存在着类似的崇拜模式。也有人认为，正是因为卡纳克周边区域的宴会、节日和庆典都赞扬有关阿蒙的神话，所以森尼杰姆家族才始终只崇拜阿蒙神。

下，天堂将变得一片混乱，玛特的原则也将不复存在。当然原因也可能是手头任务的计算工作和程序没有按照塞莎特的标准做好记录。

上图：穿着豹皮的塞莎特在一棵鳄梨树上记录国王的统治时长。有时，塞莎特会给国王献上棕榈叶，希望他能长期统治。

在生命之树上记录王室的统治

有人说，在圣树的叶子上计算并记下国王统治时长的神是托特，也有人说是塞莎特。也许后者更符合逻辑。塞莎特完成这项工作的方式是先将数字一一写在棕榈树树干上，并且作为国王的官方传记员，记录下国王所有的丰功伟绩。但是，塞莎特并不只是守护特权阶层的女神，她还记录了每一个平民的生活。

神圣的鳄梨树（*Mimusops schimperi*）也被称为"伊萨德"，上面记载了国王的统治时间，它是与古埃及的生命之树有关的树种之一，"生命之树"这个概念也曾出现在其他文明的信仰体系和神话中。在古埃及，鳄梨树不仅用于王室记录，也象征着创造和延续性，会以不同的形象出现各种艺术形式中。

植物这个词的象形文字是由三朵神圣的蓝色莲花组成的，核心含义为"生命之树"。莲花形象由两部分组成：花朵和花茎，它深深根植于古埃及创世神话。花朵每天都会开放、闭合，正如奥西里斯经历的死亡与复活。莲花的三根茎还被认为是生命之树的三根树

神圣的鳄梨树

鳄梨树的品种有很多，右图中这一特殊的品种原产于埃及和埃塞俄比亚。它的形状、叶子和花期都和梨树相似，但四季常绿，和塞莎特女神一样真实而永恒。它的果实呈椭圆形，绿色，果肉包裹果核，多汁且香甜。鳄梨树的神圣地位一直延续到罗马时代，东罗马帝国（395—1453）的统治者阿卡狄乌斯（Arcadius）就证明了这一点，他禁止一切将古埃及鳄梨树连根拔起、切割或出售的行为。

上图：卡纳克神庙群中阿蒙神庙的多柱大厅墙上绘有一棵鳄梨树的浅浮雕。

干，总是向左弯曲。据说，这是它们被创世神胡（Hu）的气息吹拂过的结果。胡是天上的斯芬克斯，拥有无限的、无形的智慧，他在发出"呼"的声音的时候创造了神的话语。

"我是从努恩中长出来的植物。"生命之树说。在世界初始时，生命之树从被遗忘的浊水中升起的第一个土丘上长出来，它的顶端支撑着星星、月亮和天空，它的根深深地扎进黑暗的大地和冥界。但其实传说、图像和雕刻中描述的生命之树并不是莲花，而被认为是鳄梨树，当然也有可能是其他树种，比如柽柳树。

柽柳——救世主之树

赛特无情地雇用了72个帮凶，将他的哥哥奥西里斯牢牢地困在棺材里，并希望能淹死他。但棺材从尼罗河漂到了地中海对岸，这违背了赛特的计划。在某个版本的神话中，棺材卡在了生长于毕布罗斯的一棵矮小而茂密的树上。奥西里斯的妻子伊西斯寻找丈夫的棺材时，

右图：燃烧的柱子被描绘成一个巨大的圣树树干，象征着从死亡中复活的奥西里斯，以及稳定。

发现棺材卡在香气扑鼻的树干中，这棵树就是柽柳树。

后来，伊西斯带着奥西里斯回到了古埃及，有人说这棵救世主之树的树干也成为传说中的节德柱，*Djed* 这个单词是一个象形文字，与奥西里斯和创世神普塔有关，象征着稳定和更新。然而，许多画中描绘的节德柱似乎都太高大、健壮了，不像是柽柳树，而可能是另一种神树，甚至可能是黎巴嫩的雪松。作为进口树种，雪松可用于建筑工程、造船和制造家具，因此颇受赞誉。

威普瓦威特的圣树

柽柳是古埃及的标志性树种。它羽毛状的枝丫上开着白色和粉红色的花，非常漂亮。但这种入侵植物每天需要消耗1100升水，这会挤占其他植物的用水量，也会导致水源枯竭，而且它不受植食动物的欢迎。但在神话中，它拥有强大的力量，这与强大的威普瓦威特神有关。

威普瓦威特最初的形象是一个手持武器的胡狼头士兵，不出意料，他的身份是战神。就像大多数神一样，他的角色也不是固定的。他名字的含义是"开路者"，预示着他在冥界的工作是清理道路、打开大门，在黑暗中开辟出一条通道。这也许呼应了金字塔文中提到"他是打开天地之间通道的人"的说法。

在古王国时代，人们将威普瓦威特与阿努比斯联系在一起。阿努比斯同样是胡狼头人身，也是一位防腐工作者，人们认为他是威普瓦威特的儿子。后来，威普瓦威特的崇拜中心在艾斯尤特周围发展起来。所以从托勒密王朝起，艾斯尤特又被称为"利科波利斯"，意为"狼之都"。但威普瓦威特的力量后也逐渐减弱，最终他的角色和地位就像许多其他神一样，被死神、重生之神与绿色植物之神奥西里斯取代了。

不同种类的生命之树

还有一些树也属于生命之树，比如阿拉伯金合欢树，据说每一棵阿拉伯金合欢树上都栖息着奥西里斯的尘世形态——荷鲁斯的灵魂，也有一些人说这种树是荷鲁斯的圣物。人们认为西克莫无花果树是女神努特、伊西斯和哈托尔的化身，她们被称为"无花果树女神"。国王称这种树为"尼赫特"（*Nehet*），会在花园的水池边种植这种树。它能不断结出人们喜爱的果实，并因此闻名。在神话中，朝着日出方向打开的天堂东门栽有两棵神圣的西克莫无花果树，努特和哈托尔会从树上探出身子为死者提供食物。

哪种树是真正的生命之树并不重要，因为担任供贝努鸟栖息这

左图：《胡内弗审判图》中，胡内弗的灵魂正在向贝努鸟表达敬意，贝努鸟日常栖息在圣树树枝上。

一神圣职责的只有鳄梨树。贝努鸟始终安静地栖息在鳄梨树的树枝上。贝努（Bennu）的意思是"闪耀"或"闪耀着升起"，象征着凤凰和冉冉升起的太阳，也象征着太阳神拉。在天堂里，贝努鸟栖息在那棵象征着神明的、最特别的树上；在人世间，贝努鸟栖息于位于赫尔莫波利斯的拉神神庙的圣殿里。

古埃及人认为，吃了生命之树的果实就可以获得永生，更重要的是，可以获得对神的计划和时间的认识，而各个季节和尼罗河大洪水的到来正是由时间推动的。在这里，我们要再次提到塞莎特，这次她要以天文学家和数学家的角色出现。测算每年洪水发生的时间和凶猛程度，在石井中建造巨大的阶梯以测量洪水的高度，以及监测洪水退去时的情况，这些都在塞莎特的职责范围内。

洪水的时间

塞莎特和洪水之神哈庇共同协作，确保每年的洪水都会在人们期待之时顺势流下。在古埃及南部的格贝尔山，哈庇神的信徒们跪在神龛前，吟唱赞美诗，并向不断上涨的洪水中投入祭品。这位拥有宽大腰身和下垂乳房[1]的神是洪水带来的财富和繁殖力的完美化身。当地的埃及人可以通过哈庇身上唯一的物件辨认出他：他宽大的腰间系着一根腰带，类似于沼泽地居民所系的腰带。然而哈庇除了会带来象征着新生命的绿色信号外，我们不知道他还做了什么，似乎反而是其他神明更积极主动地推动了洪水的到来。

萨蒂斯——凝视星星的人

女神萨蒂斯（Satis）在洪水来临前夕仰望夜空，她凝视着星星，直到看见索普德特——明亮的天狼星女神。她预示着洪水的来

---

[1] 哈庇通常被描绘为长着女性胸部的男人，他丰满的乳房象征着尼罗河丰沃的土地及其滋润土地的能力。——编注

临。萨蒂斯穿着朴素优雅的裙子，拿着象征生命的安卡，等待着"落泪之夜"的到来。那时，伟大的女神伊西斯将会为她垂死的丈夫奥西里斯流下一滴眼泪。萨蒂斯则会伸出手，接住这滴眼泪，并把它倒进尼罗河里。就像埃塞俄比亚高原上的涓涓细流一样，这一滴水终会涌成滔滔江河——洪水就此开始。

萨蒂斯与库努姆（Khnum），后者是拥有公羊头（一说"鳄鱼头"）的第一瀑布之王，以及努比亚的尼罗河女神阿努凯特组成了三人组，他们各自拥有独特的品质和能力，为古埃及人的丰收奠定了基础。阿努凯特头戴饰有芦苇和鸵鸟毛的王冠，身边有一只奔跑的羚羊，为洪水冲积形成的肥沃土壤提供了养分。她张开双臂的样子，就像青尼罗河与白尼罗河汇成一条浩浩汤汤的大河向三角洲和大海奔腾而去。当古埃及人看到洪水涌来时，也代表着阿努凯特正在拥抱他们。

随着时间的推移，这三位神连同其他众神渐渐与奥西里斯神话中的主要神明合体，萨蒂斯融入了伊西斯，库努姆融入了奥西里斯，阿努凯特融入了奈芙蒂斯。直到托勒密王朝，第一大瀑布附近的象岛仍然是这三位神的主要崇拜中心，库努姆甚至进入了位于底比斯的埃斯纳神庙。

塞莎特——精密女神

虽然托特被尊为数学之神，但在会计工作、记录，尤其是人口普查方面表现出色的却是以精确度著称的塞莎特。截至古王国时代，塞莎特详细地记录了从国王们的庆典（如盛大的塞德节），到军事行动要求，再到最终的战利品清单或牲畜库存量等一切内容。

在对塞莎特的描绘中，有时她手持带有刻痕的棕榈树树枝，这可能是她的计时器或者测量工具。塞莎特在测量方面的熟练程度对她监督古埃及重要的建筑工程至关重要，她是建筑女神，也是建筑工人的保护神。有些工程是为了神和神圣国王的利益而实施的，如

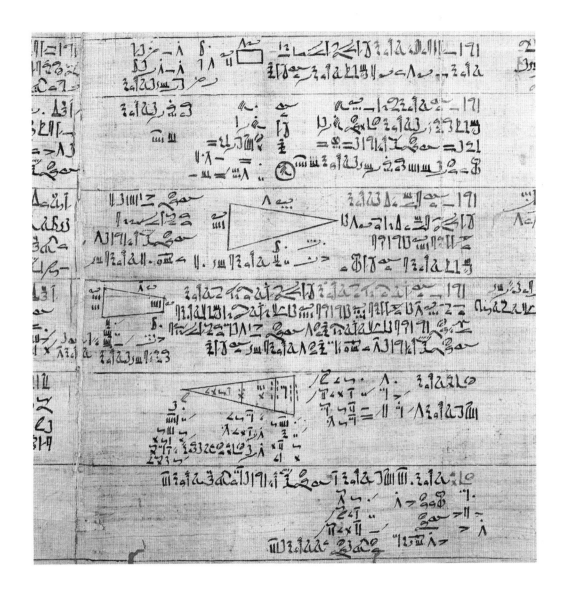

上图：《莱因德数学纸草书》（*The Rhind Mathematical Papyrus*）（此为公元前1550年制作的复制本）分四卷，书中记载了古埃及人计算物体表面积时使用的表格和公式。

建造神庙、金字塔和宫殿。其他工程，如测量尼罗河每年的洪水量、测量灌溉水渠的尺寸或划定农田的边界也很重要，因为这些事务的安排不仅有利于统治者从剩余大麦和小麦的交易中获得财富，也是人民的命脉。

塞莎特和测量建立起的秩序

古埃及被夹在混乱的沙漠和宁静的尼罗河之间，王国要想养活不断增长的人口，很大程度上需要准确掌握每一块狭窄的可耕地的有效测量数据。所以，数据测量的准确性和土地情况的登记就显得非常重要。

所有的土地都属于神。因为国王是荷鲁斯神在人间的化身，因此土地最初由国王掌控，由维西尔等官员和抄写员管理。随着时间的推移，一些公民开始拥有自己的土地，这意味着他们可以把土地租赁出去，甚至出售给其他人。特别是那些非本国居民的雇佣兵，他们为王国忠诚地服务，理应得到回报。到了后埃及时代（前664—前332），人民拥有土地所有权的情况已经相当普遍。

国王的大多数臣民在土地上耕种、放牧或建造房屋，都建立在用益物权的基础之上。这意味着，只要他们以上交农产品的形式交税，就有权力随心所欲地使用自己拥有的土地。在划分土地的时候，塞莎特拿着她的测量工具，引导抄写员们运用他们精湛的数学知识进行统计。从大约公元前1650年抄写员阿默士（Ahmes）抄写的《莱因德数学纸草书》中我们知道，这些数学知识包括面积、体积、分数的计算方式，甚至包含了圆周率的基本概念。

下图: 在一名王室官员的墓室（约前1420—前1352）的墙壁上，绘有一名测量员正在测量麦田产量以便征税的场景。

这些技能非常实用。因为直到希腊人到来之后，数学理论才被真正提出，数学学科才得以建立和发展。古埃及测量师手头总有一项艰巨的、永无止境的工作，那就是使用现在看来简单却有效的工具（棍子、杆子和绳子）测量土地面积。他们解开绳子，然后绷紧、打上结，就这样去记录一块土地的终点和另一块土地的起点。

国王对土地的划分看上去非常公平。如果佃户的一部分土地被洪水冲走了，他就可以向法老请愿，法老会派管理员根据登记的土地尺寸核对损失（这也说明最初测量数据的准确性是非常重要的），这样一来，承租人就可以得到补偿和其他土地。在这种情况下，农民们会赞美众神，因为众神在许多方面保护了他们。塞莎特为人们系统化生产食物巧妙地奠定了精确的基础，而接下来的工作将由伟大的奥西里斯接替，他是农业兴旺的象征。

奥西里斯——农业之神

正如前文提到的，奥西里斯的节德柱是生命和复活的象征。节德柱是在奥西里斯被弟弟赛特谋杀，后依赖于其妻子伊西斯的爱和坚持而得以重生的非凡故事中产生的。这个被砍去树枝的树桩也象征着当一年一度的洪水来临时，那毫无生机的干旱土地上生命的奇迹般复苏。因此，在荷阿克月的最后一天，人们会举行"升起节德柱"的仪式。这一天是吉祥的日子，标志着旧年的结束。

"节德"一词来自"杰都"（Djedu），后者位于尼罗河三角洲的下埃及，"升起节德柱"的仪式就是在那里举行的，预示着新年和古埃及冬季，即"前进期"或"生长季"的到来。在这四个月里，洪水退去，人们可以在洪水冲积而成的肥沃淤泥中播种庄稼。因为节德柱上的凹痕很像椎骨，所以人们也把它看作是奥西里斯的脊椎。这个比喻拥有非常恰当的象征意义，像是在把坚实的树干比作伟大众神的坚忍品质，以及那些辛勤劳作的农民拥有的美好品质。

赫萨——食物和营养女神

奥西里斯负责绿色幼苗的种植，它们既可以作为牧草，也是大多数古埃及人的主要食物——面包和啤酒——的原材料。奥西里斯得到了其他神明的协助，其中就包括赫萨（Hesat），她的名字源于"牛奶"（milk）这个单词。赫萨是众多的生育神之一，后来演变为营养之神。

人们认为赫萨与哈托尔有关，他们通常都被描绘成牛的形象。赫萨的两只角之间放着一盘食物，乳房涌出奶，通常和啤酒没什么区别；她还是富饶女神，古埃及人经常把啤酒这种最常见的饮料称为"赫萨之奶"。虽然赫萨是人间的女神，但她也被视为所有神的奶妈，是生命的给予者和维持者；她甚至生下并哺育了贪婪的阿努比斯——拥有胡狼头的防腐和死亡之神。据说，阿努比斯的父亲，即赫萨的伴侣，是太阳神拉。由于拉的灵魂卡被认为是公牛神姆尼维斯（Mnevis），这样姆尼维斯、赫萨和阿努比斯就组成了一个令人很难想象的三联神，他们的崇拜中心在赫里奥波里斯。随着时间的推移，与许多神明一样，赫萨最终与其他神明融合在了一起；到了托勒密王朝，她融入了伟大的伊西斯女神。

古埃及人死后的食物

正是通过死亡一事，我们发现了能够揭示古埃及人生前所吃的一些食物的最佳证据。按照神明确认过的仪式，食物将被带进来世，供死者重生后享用。当然，王室成员、祭司和高级官员都带着最昂贵、最精美的食材，更不用提数不清的红白葡萄酒了。

有些食物会经木乃伊化处理，譬如肉类是先让其自然风干，然后用绷带包起来，覆上树脂，以便保存。油和流质食

尤亚和图玉——揭开食物秘密的钥匙

　　1905 年，詹姆斯·奎贝尔发掘了一座令人叹为观止的古墓，命名为 KV46。这座古墓让人们详细地了解了公元前 1400 年左右古埃及的食品种类和用于木乃伊化的防腐剂种类。该墓属于图坦卡蒙国王的曾祖父母尤亚（Yuya）和图玉（Tuyu）。出土的物品包括 17 个定制的食物盒，里面装着鹅等禽类的木乃伊，还有各种风干的肉：羚羊肉、小牛腿肉和上等牛肋排等。人们采用一种昂贵的树脂将这些东西保存下来，这种树脂来自从叙利亚和黎巴嫩进口的一种类似于开心果树的树。更重要的是，人们认为国王、王后和众神一样，由于食用了这些树脂，就相当于是神了，即便在死后也是如此。

左图：图玉戴着镀金石膏面具，面具上镶嵌着由蓝色玻璃和石英石制成的眼睛。

右图：尤亚的面具是用莎草纸和亚麻布层层糊成的。

物也会随肉类一起被存放于墓室中。但不管这些食物是被"雕刻"或"绘制"在墙壁上，还是经过木乃伊化处理，它们都被视为是真的食物。

在图坦卡蒙国王的陵墓中，考古学家霍华德·卡特（Howard Carter）发现了法老死后人们会举行宴会的证据。图坦卡蒙的陵墓中有100多个精致的篮子，装满了小麦、大麦、面包、无花果、枣、瓜和葡萄等残余的食物。篮子中有鸭肉、鹅肉，还有像鸽子这样小型鸟类的肉，但没有羊肉和猪肉的踪影，因为它们被视为普通的食物。随着时间的推移，古埃及人还渐渐将猪肉与邪恶的赛特神联系在一起，且不鼓励虔诚的信徒食用猪肉。

如果图坦卡蒙喜欢吃甜食，那么会有一个罐子里装着蜂蜜，好让他尽情享用；他甚至可以喝点好酒解解腻，装酒的瓶子上一般标有产地、年份、酿酒商甚至葡萄的品种等信息。虽然我们知道富有的古埃及人对蛋糕情有独钟，但在墓中并没有找到蛋糕存在的证据。

古埃及工人阶级生前与死后的日常生活都要简单得多，但可能也不会出现蛋糕。如果庄稼收成好，他们的饮食无疑是很健康的，主食以全麦面包为基础，辅以蔬菜、豆类、鱼和一些看起来不那么重要的肉类，如羊和被猎杀的鸟类的肉。

右图：这是在底比斯的代尔麦地那发现的一盘水果，是为死者来世储存的食物（约前1900）。

狩猎之神和国王的运动

　　安赫（Anhur）是太阳神拉的儿子，与其他狩猎之神一样，他也是战神。伟大的天空之神荷鲁斯、身兼数职的女神奈茨，以及凶猛的母狮神塞赫美特都是如此。这四位神都有自己的英雄事迹，同时也是彼此忠诚的同伴。

左图：和塞赫美特一样，安赫有时也以狮头人身的形象出现。这是塞赫美特的浅浮雕像，她的头上饰有太阳圆盘和眼镜蛇。

右图：古埃及猎人站在沼泽地里的纸莎草木筏上，利用投掷树枝来抓捕野禽。

　　在某些版本的神话中，拉有一个逃跑的女儿被看作是拉之眼，人们认为这个女儿可能是泰芙努特。有些时候，她还会变成凶猛的母狮神孟海特（Menhet）。因为这一新身份，泰芙努特获得了力量、勇气和知识。她向南奔跑，穿过草原和荆棘丛到达努比亚，一路上没有受到其他野生动物的攻击。拉非常想念他的女儿，于是派了一队人去找她。领头的是一个出色的猎人，他找到了泰芙努特，并将她带了回来。拉非常欣赏这个猎人，为他取名"安赫"，并决定将泰芙努特许配给他（不知道变成母狮神孟海特时的泰芙努特对

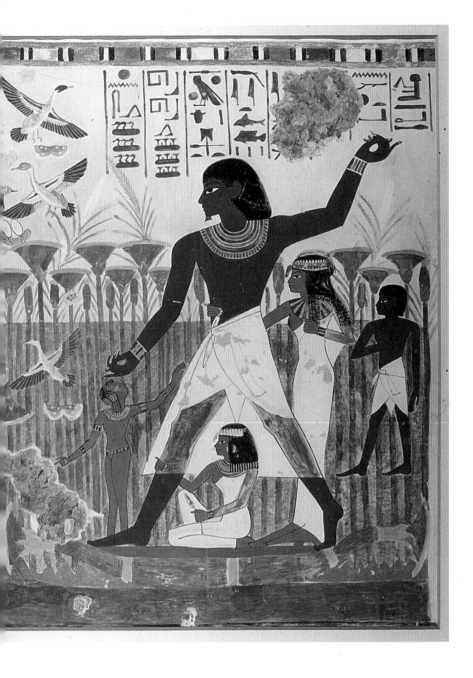

此会做出何种反应）。安赫虽然是拉女儿的追求者，但同时也被当作是拉的儿子。这种复杂的家庭情况在古埃及神话及古埃及当时的现实社会中很常见。

国王的盛宴，穷人的蛋白质

虽然古埃及与神有关的诸多标志都含有鸟类等动物的形象，但古埃及人似乎并不会因为猎杀这些动物而感到不安，毕竟它们是上

下图: 这是一尊后埃
及时代的安赫雕像。
安赫像国王一般, 手
持法杖, 头戴饰有圣
蛇的假发和四根羽
毛样式的王冠。

天赐予的礼物。就像社会中的其他职业一样, 狩猎者也是一种按阶层来划分的职业。穷人可以猎捕野生禽类, 如鸭子、鹅、鹌鹑和鹤等以补充蛋白质, 但猎捕猎豹、狮子、野牛、羚羊和鸵鸟等大型动物则是王室和精英阶层的特权。

在前王朝时代, 猎人可以在尼罗河流域捕杀大量动物, 到了古王国时代, 因为沼泽地的水被抽干用于农业灌溉及房屋建造, 猎人无法再接触到三角洲地区丰富多样的动物。这就意味着, 如果猎人不满足于只捕获小型鸟类, 那就不得不把目光投向严酷的沙漠。

对于空闲时间少的普通工人来说, 剩下的沼泽地通常足够他们用长矛、弓箭、棍棒、渔网等工具去抓捕水禽以作为食物。而国王们则沉迷于群猎, 通常由猎人首领带头, 还有人专门负责驱赶猎物。到了新王国时代, 马车已经成为王室和军队的日常交通工具, 它们会载着王室成员进行狩猎之旅。傍晚时分, 他们会来到动物饮水的水坑, 那里聚集着大量的动物, 且完全暴露在他们

身着国王王袍的安赫

安赫有时像国王一样, 他穿着饰有羽毛图案的裙子阔步前行, 头戴蛇冠和四根长长的羽毛。他经常一手拿着用来打猎或战斗的长矛, 另一手拿着绳子——也许是为了抓住拉的女儿, 当然也可能是为了诱捕猎物或杀敌。作为一位勇敢的神, 安赫站在天界之船的船首, 在拉穿越充满黑暗和死亡的夜晚时, 他会和蛇神阿佩普对抗以保护拉。因为安赫会用各种各样的方法对抗拉的敌人, 所以他被命名为"杀敌者"。古埃及人曾经可能很惧怕安赫, 但在每年有关他的节日中, 当地祭司和人民之间还会展开轻松的模拟战斗。在后埃及时代, 安赫与创世神之一空气之神舒融合了, 同时, 人们认为舒也为拯救拉的女儿做出了贡献。

不断射出的箭矢之下。在这里，他们成功地捕杀了许多大型猎物，而作为战利品的猎物皮毛通常会用于富人的衣服、软装家具等物品的制作。

古埃及陵墓壁画中的证据表明，古埃及人对非本土的生物也非常熟悉。这证明国王和高官会饲养野生动物，很可能是作狩猎之用；也有一些证据表明，他们曾试图繁殖野生动物。哈特谢普苏特女王曾养过狒狒、长颈鹿、猎豹和从非洲之角蓬特进口的珍禽异兽，而我们并不知道这些动物究竟是用来打猎还是作为宠物的。但古埃及人确实会饲养动物，尤其会在家里养猫和狗。

灶神和家庭之神

库努姆是伟大的生育和繁衍之神，他在陶轮上用泥土创造了人类，同时他也是在家里工作的非常务实的神，负责保护人类和宠物。贝斯（Bes）是一个小小的战神，他心地善良，极力保护妇女和儿童，并且和河马女神塔沃瑞特一起照顾分娩中的妇女，古埃及人产房里的艺术品证明了这一点。

贝斯也是温暖的保护神，负责保护房屋的结构。他深受人们的喜爱，因此许多日常用品上都有他的身影，从化妆品盒、药膏罐到家具，尤其是刀具，一应俱全。无数的护身符都是按照他的形象制作出来的，他的形象非常滑稽，有时是脸像狮子但留着胡须、跳着舞的男人，他伸着舌头，摇着拨浪鼓，突出的生殖器暗示着他强大的繁殖能力。拨浪鼓和他幽默的姿势给人们提供了线索，证明他是安全分娩之神、婴儿保护神，似乎还是与儿童嬉戏的神。据说，他曾守护伊西斯和死去的奥西里斯的孩子——年轻的荷鲁斯，因此，人们认为贝斯也有能力照顾人类的小孩子和他们的母亲。

贝斯是古老的神明，但在新王国时代才脱颖而出，地位逐渐升高，一直到罗马时代（前30—公元395）。有人认为他其实来自某一个非洲神系，因为不可否认的是，这种恶作剧者也是保护者的精神

上图：人们经常会在门边放置贝斯的雕像以求保护，有时甚至会在皮肤上文他的形象。

对页图：卡纳克神庙墙上一幅19世纪的普塔浅浮雕，普塔是象征木匠和雕塑家等职业的工匠之神。

在许多其他非洲文化中都有突出体现，虽然埃及学者们对此有所争议。

贝斯与其他神是有联系的，比如哈托尔，哈托尔也是灶神和家的守护神。到了托勒密王朝，贝斯或多或少与他的妻子或者是自己女性神的一面融合了，他作为女性神时，从头到脚都与他的本体非常相像。无论是作为男性神贝斯还是作为女性神贝斯特（Bestet），他/她都极力保护着所有古埃及人的家园，人们家里的墙壁上都经常绘有他/她的肖像。

贝斯的家

贝斯居住的房子可以说是十分简陋的，在前王朝时代，他房子的材料是尼罗河三角洲区域生长的纸莎草，后来变成混合了稻草和粪便的晒干的黏土砖——这些材料更持久，也更适合不断增长的城市人口。穷人的房屋只有单层墙壁，比较富裕的工人阶级可以建造两层或三层墙壁，更加御寒隔热。而石头是富人专用的房屋材料，他们房子简单的门柱和门楣结构延续了很久，直到公元前2613年左右（约第四王朝）出现了具有变革性质的拱形房屋结构。当时的高官大吏可以拥有宏伟的豪宅，有的多达70个房间，甚至有果园、水池和花园。众神的图腾和雕像被视为必要的保护，所以房屋不论大小和宏伟程度，其装饰中都会出现众神的形象。

古埃及人的住宅高至两层或三层，平平的屋顶还可以作为额外的生活空间；那些远离城市的住宅甚至自带广阔的庭院和花园，配有许多客房。古埃及人的房屋至少有三个房间，有足够的空间摆放家具让生活变得更加舒适，富人的房屋则更加富丽堂皇。因此，他们非常依赖伟大的工匠之神普塔，而古埃及本身也是以他的名字命名的。工匠们则经常聚在社区或王室的工作室里辛辛苦苦地工作，因为他们知道这样可以召唤普塔来

上图：抄写员雷尼塞布（Reniseneb）镶有象牙的椅子（约前1450）。另有一个象牙制工艺品雕刻的是他像王室成员一样坐在与这把椅子相同的椅子上。

为他们提供保护和帮助。

从中王国时代开始，富人的家具看起来就已经有些像我们今天使用的家具了。精致的木制床不仅有床腿、床头板，还配有填充好的床垫。箱子、桌子和铺着皮革、兽皮的四腿凳子都变得十分常见，它们不仅出现在国王的宫殿和大臣们的家里，高级抄写员和其他官员也可以享受它们带来的舒适。昂贵的进口木材，如黎巴嫩的雪松、努比亚和非洲之角蓬特的乌木，匹配单板、象牙镶嵌和其他复杂的工艺，让每一件家具都成了让人们称心如意的艺术品。工人们的家里也有家具：低矮的木凳搭配芦苇座椅或地席，可以用来休息或吃饭；芦苇

睡眠得到众神庇佑

古埃及人依靠像贝斯和塔沃瑞特这样的神来保护他们度过黑暗和危险的夜晚。因此，这些神的名字经常被写或刻在头枕上。这些由经久耐用的木头或石头制成的"枕头"抬高了头部，确保神能让睡觉的人在第二天早上醒来；而从现实意义上来讲，头枕可以让人在炎热的夜晚里获得一丝凉意，且呼吸顺畅。当某人死去，古埃及人会制作一个他生前使用的头枕的缩小版，并把它和木乃伊绑在一起，确保死者在复活的时刻头依然处于抬高的状态，在穿越冥界的过程中也不会掉落。

右图：这个头枕的年代是公元前2125至前1975年，两侧装饰为双手高举的样子，当时非洲的其他地区也在使用这种头枕。

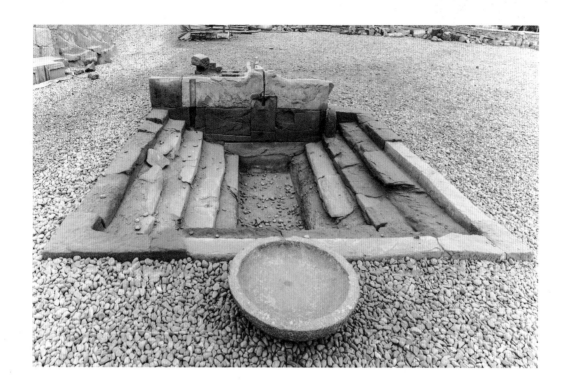

上图：据说克利奥帕
特拉七世（Cleopatra
Ⅶ）在康翁波神庙
时曾使用过这个浴
池，燃烧的木块可
以加热下方管道里
的水。

编制的箱子和篮子可以用来储藏东西；稻草或羊毛填充的床垫可以
铺在床上。

对古埃及人来说，无论生死，保持清洁都是非常重要的，并且
他们不需要众神来帮助他们完成这项任务。然而，早期的水源——
尼罗河、绿洲和运河——并不总是很干净。但从新王国时代开始，
富人可以从自家院子的水井取水，穷人有时可以从社区的水井取
水，这些水可以在浴室里使用。最富有的人可以使用铜制水管。无
论是在室外还是在室内洗澡，采用的污水处理方法都是相同的，最
好是有专门挖成的污水坑，最差的情况是让污水流向河流或街道。

尽管当时大多数古埃及人并不关心卫生问题，但所有家庭，无
论贫富，关注的核心都是家庭成员的健康和福祉。在古埃及社会，
这不仅是医生的专职领域，也是祭司的专职领域，因为身体和精神
是不可分割的。为了帮助人们，祭司需要药剂师和巫师的全面协
助。当然，像凶猛但具有治愈能力的女神塞赫美特一样的神明的力
量也是必需的。

5

第五章
祭司和众神的节日

古埃及神话编织了一张错综复杂的宇宙力量之网，从前王朝时代到罗马时代，一直在不断变幻。几千年来，人类对众神的崇拜与国王的权力交织在一起，形成了一种共生模式，并随着国家的命运起起落落。

祭司的职责一开始很简单，后来变得复杂且神秘。在为守护古埃及王国的至高无上的男神女神服务之前，他们负责处理地方神的需求，这些地方神后来逐渐演变为各个诺姆受人尊敬的图腾。这些诺姆以发达的城邦为核心根据地，其统治者经常身着饰有当地神的图腾的服饰，图腾赋予了统治者在当地人民和邻近对手眼中强大的精神力量。后来，祭司渐渐像侍奉神一样侍奉这些统治者。

对页图：在丹德拉的哈托尔神庙墙上，哈托尔带领着荷鲁斯前进。在第19王朝（前1295—前1186），哈托尔神庙的大祭司奈布维奈弗（Nebwenenef）以权力闻名。

当国王成为神和大祭司

公元前3150年左右，一切都发生了变化。变化当然不是一蹴而就的。起先，权力集中掌握在国王手里，祭司的职业后来才出现。因鹰神荷鲁斯（他可能是伟大的奥西里斯及其妻子伊西斯的哥哥或者儿子）进入人类王国，在上埃及和下埃及之间建立了联系，古埃及王国随之诞生了。荷鲁斯统一古埃及的力量体现在一个或多个统治者身上，他可能是纳尔迈、美尼斯、蝎子王，也可能是这三者的混合体。

在历史上，这位俗世统治者的上位被认为是古埃及统一的标志。从那时起，他和之后的所有国王及王后都会佩戴刻有荷鲁斯形象的徽章和象形符号标志。由此，统治者和神合二为一。国王或王后是俗世中所有神或女神的代表，由大祭司服侍，祭司中的某些人后来也上升到了神的地位。祭司服务单个神明或一群神明，通常是服侍三位伟大的神。他们分别是父亲、母亲和儿子，后来成为世代

下图：这是一个第19王朝的浅浮雕，刻画了主持奥西里斯节的大祭司阿蒙霍特普-休（Amenhotep-Huy）正在接受供奉的场景。

荷鲁斯的神庙

在古埃及漫长的历史中，许多神庙都供奉着荷鲁斯的神像，祭司在神庙里主持的冬至节庆祝活动就与荷鲁斯有关。荷鲁斯有许多天赋和职责，还有许多象征着吉祥的身体特征。虽然有时荷鲁斯缺少一只眼睛，但当他有右眼时，他的右眼被视为太阳或星星，左眼被视为月亮，这使他在天堂拥有非常强大的影响力。

荷鲁斯在日常生活中也有实用价值，他是可以减轻被昆虫叮咬和蛇咬伤的症状的神明之一。在包括莱托波利斯等崇拜荷鲁斯的主要地区，祭司会为各种形象的荷鲁斯举办仪式、典礼和节日。莱托波利斯这座古老的城市崇拜的就是失明的荷鲁斯。失明状态下的荷鲁斯是一位非常好斗的神，同时也是盲人的守护神。在希拉孔波利斯——"鹰之城"，荷鲁斯被尊为统一的王者，而被视为"太阳圆盘之镇"的贝迪特，则是荷鲁斯和赛特之间伟大斗争的发生地。贝迪特就是现在的伊德富，它因该地的荷鲁斯神庙而闻名，这座神庙在托勒密王朝被精心翻新过。

作为大祭司，国王或王后为所有的神殿和神庙，以及殿内、庙内的一切石碑、雕像、祭坛和供品负责。但统治者不可能同时出现在所有的神庙中，所以某些被认为是神真正家园的神庙由祭司管理，以满足众神的需要。

上图: 不朽的荷鲁斯守护着由砂岩、砂石建造的位于伊德富的荷鲁斯神庙，该神庙建于托勒密王朝。

传承的三联神，拥有非常强大的力量。古埃及人经常会为供奉三联神而建造宏伟的神庙，所以为他们服务的祭司也变得非常强大。

为众神、国王和玛特服务

祭司每天以国王和王后的名义为众神服务。这不仅是为了取悦统治者和人们崇拜的神，还是为了确保神的原则能够得到维护，而这可能是最重要的一点。天堂和人间的和谐、平衡和秩序是玛特的基本要求，失去这些，天堂和人间都会陷入混乱。那时，骚乱将会爆发，洪水不再到来，土地不再丰收，永恒王国会陨落，祭司会失去工作。

右图：出土自代尔埃尔巴哈里的一块木头（约前900），上绘有祭司向拉-哈拉胡提献上祭品的场景，拉-哈拉胡提是融合了拉和荷鲁斯的处于上升状态的太阳神。

祭司铺平了人间与天堂、生与死之间的道路。他们是仪式的掌控者，虽然这些仪式可能和我们今天看到的宗教服务不同。我们很容易把祭司与另一个信仰体系中的牧师混淆，但在很长一段时间里，古埃及的祭司只负责主持神殿内室里进行的仪式，而非与人群打交道。

为了维持宇宙的秩序，祭司要把神像当作真正的神一样去对待，神像承载了众神的精神。祭司早上会叫醒神（神像），为他们洗漱、沐香、穿衣、装饰，侍奉他们吃早餐，还要吟唱为神而作的圣歌，并献上祭品和酒水。这是一个非常私密的仪式，普通市民大多被拒之门外。市民每天与神的联系多在家中发生，包括举行祭祀仪式、供奉神像或在身上佩戴护身符。

普通市民有时也可以去神庙内的院子，在那里摆放祭品和奠酒，以期自己的问题能够得到解决，但是他们不被允许进入神殿内部，他们与众神最亲密的接触只发生在节日期间。幸运的是，这样的节日有很多。节日保持了神话的活力，恢复了神与神、神与人之间的关系。

"美好相会"节

祭司每年都要恢复荷鲁斯与其众多妻子之一哈托尔之间的关系。

伟大的太阳神拉向南凝视着努比亚王国，他看见了好战、嗜血的雌狮哈托尔。为了征服她，也可能是为了占领她的领土，他派了风之神舒和智慧之神托特说服哈托尔来到埃及。来到埃及后，哈托尔成为荷鲁斯优雅、平和的妻子，是爱、家和快乐的象征。没有人知道和荷鲁斯一起生活有多简单——毕竟他是一位重要的、忙碌的神——但哈托尔确实一年仅拜访他一次。一年一度庆祝二人重建关系的节日是"美好相会"节，在此期间，人们会将位于丹德拉（哈托尔的崇拜中心）的哈托尔雕像运至位于伊德富的荷鲁斯神庙。

专职祭祀和兼职祭司

随着时间的推移，大多数大型神庙建筑群渐渐都由一位非常有权势的大祭司掌控，他们被称为*hem-netjer tepi*，即"神的第一仆人"。比他们地位低一等级的祭司有专业的天文学家，作为时辰祭司（hour priest），他们可以预测吉日；还有为死者举行祭祀仪式、进行防腐处理和诵读咒语的殡葬祭司（sem priest）。作为祭司队伍中的核心，他们与乐师和唱诗班协作，由兼职祭司和助手（每个月更换人选）组成的团队协助完成任务。

兼职祭司或出身高薪工匠家庭，或出身高贵、受过良好教育的精英阶层。他们担任着一些重要的角色。瓦布祭司（wab priest）通常来自技术熟练的工人阶级，负责维护神殿和圣船，还与神庙的厨师及其他"外人"一起准备为节日做准备。受过教育的阅读祭司（lector priest），即*herry-heb*，负责抄写图书馆（生命之屋）中的宗教文献和其他文献。虽然在神庙里工作没有报酬，但大多数兼职者不仅有高薪的本职工作，也可以从丰盛的神庙祭品中分得一杯羹。

无论是全职祭司还是兼职祭司，我们都要对他们表示感谢：作为学者和图书馆管理员，他们给予了我们了解古埃及的钥匙。到了托勒密王朝，祭司成为古埃及的历史学家和早期人类学家，他们把王室系谱和神的各种形象整合到一起，使我们能够在历史长河中详细了解神和神话不断变化的过程。

上图：在殡葬祭司伊曼尼（Imeny）为辛努塞尔特三世雕刻的石碑（前1836—前1818）上，刻有女神哈托尔向国王荷鲁斯献上生命象征的场景。

祭司和占星术

祭司既是天文学家，也是占星家，他们能够准确地为国王推算

对页图：拉美西斯三世祭庙墙壁上的浮雕，刻有祭司们在古埃及人为生育之神敏（Min）举行的节日列队中前行的场景。

出一年中的吉日。祭司相信每个古埃及人的人生都是由其出生日期在黄道日历中的位置决定的。

古埃及的占星术分十二宫。其中一个是以尼罗河命名的，另外十一个是以神的名字命名的，分别是：阿蒙–拉、姆特、盖布、奥西里斯、伊西斯、托特、荷鲁斯、阿努比斯、赛特、贝斯特和塞赫美特。虽然每宫代表的月份与我们现在的月份略有不同，但是古埃及的黄道十二宫与今天占星家使用的十二宫是相似的。

祭司甚至计算出了行星的特征。他们认为（尽管说法不同）金星是早晨之神；水星是静止之神或惰性之神；火星是红色的荷鲁斯；土星是公牛形象的荷鲁斯；木星揭示了神秘的荷鲁斯。

神庙的首席种花人

根据《哈里斯大纸草》(*The Great Papyrus Harris*)所载，拉美西斯三世设计了"一条神圣的道路，由各地区进献的鲜花装饰"。莉莎·曼尼希(Lise Manniche)在《古埃及草药》(*Egyptian Herbal*)一书中计算出，仅铺设卡纳克阿蒙神庙前的道路，拉美西斯三世就用了近100万朵鲜花。这表明了植物的生命对古埃及人的重要性，以及神庙首席种花人的重要性。

会开花的植物、能结果的植物、观叶植物和攀缘植物等的气味、颜色、形态或者某种药用性，都是在制作芳香油和神圣花束、花圈、花环、颈圈时需要考虑的因素。因为这些都是要献给神明和国王的供品。节日游行队伍饰有古埃及人喜爱的吉祥之花：荷花、百合、鸢尾、玫瑰、矢车菊、银莲花、雏菊、菊花；还有各种攀缘植物：胡椒、蔓首乌、天门冬，甚至曼陀罗，它可以用于杀人或治病。缠绕在一起的纸莎草和荷花是古埃及墓室墙壁和雕像上常见的图案，象征着古埃及的统一。

上图：一位国王（同时也是大祭司）将纸莎草制成的花束献给神，有些国王甚至会把鲜花系在战车上。

让众神走出神庙

节日期间祭司的职责与日常不同，他们需要组织持续几天甚至几周的庆祝活动。每位神每年都有自己的地方性节日。因为有的神保证了一年一度的洪水如期到来和庄稼丰收这样的伟大工作，为国家带来了强盛，所以人民会大肆庆祝。这样一来，祭司的工作会很辛苦，但这也为他们带来了荣誉。祭司负责组织神庙中神像的游行。他们会将神像装饰得非常精美，在一条途经尼罗河的神圣之路上举办游行，音乐、歌唱、舞蹈、成群的民众，以及花环、喷洒了香水的花束也是游行的一部分。

规模较小的神庙与卡纳克的大型神庙建筑群有所不同，这里的祭司地位后来日益上升，直到新王国时代才被视为神。他们主持的节日，如国王的赫卜塞德节、阿蒙和姆特的奥佩特节，也是盛大的晋职活动。在这些场合，人们将巨大的、装饰豪华的神像放置在模型船中，船通常会被涂上有特殊含义的金色和亮色，由包括王室帆船在内的真船组成的队伍运送。瓦布祭司神态庄严肃穆，与国王带领的庞大随行团队一起护送船只，沿着伟大尼罗河蜿蜒流动的路线前进。

成群结队的市民沿途跟随游行队伍，享受着色彩、音乐、舞蹈和鲜花的盛宴，与天地的力量重新建立了联系。游行队伍沿着精心

右图：这是第18王朝图特摩斯三世时期节日大厅里的一个浅浮雕装饰品。大厅是为国王的赫卜塞德节和之后的欧佩特节而建造的。

安排的朝圣路线前进，然后在象征着吉祥的驿站停靠，神明会在那里休息、饮酒和接受供奉，并发布神谕、传递神的审判或给出自己的建议。

神谕和祭司之职

接受神谕是一种古老的从众神处获得信息、希望和帮助的行为，手段并不是唯一的。自第一中间期后，古埃及的信仰体系已经显示出了地方分权和民主化的迹象；到了新王国时代，神谕已成为司法系统的一部分，用于协助揭开争端的真相，祭司偶尔会作为兼职法官参与法庭案件审理。因此，众神与神谕一起在法律执行过程中占有重要地位。到了第三中间期，地方统治者已会在做出决策前寻求神谕，特别是底比斯及绿洲、三角洲的周边地区。

节日的证据

古埃及人没有给我们留下与节日相关的详细证据，但他们偶尔会把节日列出来，虽然这些节日会随着众神的兴衰而变化。在古王国时代，以新年为起始的节日日历会被刻在王室及高级礼拜堂的门柱和门楣上。这些日历显示，继在第12个月举行的庆祝即将到来的洪水的开年节（Opening of the Year）后，是托特节（Festival for Thoth）、年初节（First of the Year）、瓦格节（Wag Festival）、索卡尔节（Sokar Festival）、伟大节（Great Festival）、火焰节（Flame Festival）、敏节（Procession of Min）和塞吉节（Sadj Festival）。我们并不知道某些节日庆祝活动的具体细节，但依然可以感受到这些节日是围绕着塑造了农业的自然力量而设立的。

有关节日列表及涉及的神的证据来自新王国时代，在出土自代尔麦地那的一些陶片上可以找到。贾巴尔埃尔西拉山的岩石上刻着有关节日的铭文；在哈布城发现了一个为拉美西斯三世制作的节日日历；底比斯曾经是古埃及的首都，它的神庙装饰和碑文上提供的节日信息比其他任何城市或地区提供的都要多，这能让我们部分了解到各类节日和与之有关的神。可以肯定的是，无论何时何地，大多数节日都是因赞美神明和祈求丰裕而诞生的。

关于众神节日的图像或文字记载通常是不完整的，有关证据可以追溯到新王国时代。这些节日庆典不仅是献给神的，也是献给国王的，尤其是赫卜塞德节，它标志着国王漫长的统治，虽然有时是"回光返照"的短暂统治。国王也被看作神，这意味着世俗节日和宗教节日之间的区别微乎其微。供奉众神虽然是节日活动中的某一环，但并不是焦点，众神的神话通常会被纳入国王自己的神话中。

奥佩特节——美丽的盛宴

新王国时代是举办新仪式的鼎盛时期，其中最讲究的是奥佩特节，俗称"美丽盛宴"，大约在洪水到来后的第二个月举行。在这个节日，伟大的神阿蒙-拉的力量在国王或王后的卡（深层灵魂）中得到了更新，从而恢复了神圣的王权，也孕育了新的一年。该时期的壁画向我们展示了阿蒙-拉的王室及神明队伍所享有的财富，以及游行的帆船队伍从卡纳克行进到卢克索的场景。这个盛大的节日与人们在尼罗河为哈庇祈福的简单仪式形成了鲜明对比，并且逐渐成为所有公民的欢乐庆典。据记载，公元前12世纪左右，在某次奥佩特节上，勤劳的神庙官员给人们分发了11341个面包和385大桶啤酒。

太阳、月亮、星星、祭司和节日日历

女神塞莎特通过操纵月亮、星星和太阳的运行轨迹来创造日历，虽然算法并不完全准确；她算出的日历年短于365.25天，因此每年的日期都无法保持一致。每年的节日都会稍微向后推迟，这意味着日历上规定的那些庆祝洪水和丰收的节日并不会在事件发生的实际月份

上图：杂技演员在表演下腰，音乐家在演奏，他们正沿着卡纳克神庙建筑群的第三塔门方向前进。

里举行。统治者对此并不感到困扰，但这可能会给祭司、官员和抄写员带来压力，因为他们必须确保群众都能到场观看。

由于节日往往是劳动人民唯一的公共娱乐活动，因此无论如何，他们都会热衷于参加。不过，有些节日仪式也代表着焦虑时刻的到来，比如六月的洪水，那时天狼星女神索普德特将会出现，预示着一年的开始和节日时间表的开始。但索普德特错过了大部分的仪式，因为实际上天狼星出现的时间很少与洪水时间一致。但即便是这样，也丝毫不影响她在神话中的重要地位。

当雨水降落在尼罗河中时，古埃及人会举行一些非常简单的仪式。他们将酒、祭品和鲜花撒进尼罗河的流水中，以取悦洪水的使者哈庇等神明。没有人能预测到洪水是否真的能够到来，这让我们感受到了生活的不稳定性，也让我们理解了为什么贯穿各个季节的有关农业的节日仪式会比较复杂。

右图: 天文学、占星术、宇宙学和黄道带都出现在哈托尔神庙的天花板上。

关于洪水、农业和娱乐的节日

　　人们认为银河女神哈托尔是赐予生命的圣牛，她双乳喷出的牛奶哺育了这个国家。哈托尔的慷慨和无尽的爱与幸福使她成为节日女神的完美人选，她的皮肤是神圣的蓝绿色，代表着新生的萌芽，也代表着丰饶和耕种。作为象征舞蹈、音乐、乐器和激情的女神，她在节日中扮演的角色总是非常有趣。

节日日历

　　从日历的月份名称中可以看出节日在古埃及人生活中的重要性，因为"pa-n"这一前缀是"节日之月"的意思。古代埃及历法中有五天闰日，偶尔会有六天；这些闰日被安排在月与月之间，以弥补某一个月内天数略少的不足。这五天还是名声持续到罗马时代、拥有众多追随者的五位神的生日，他们分别为奥西里斯、荷鲁斯、赛特、伊西斯、奈芙蒂斯。

古埃及名	科普特名	日期
Dhwty	Thout	8月29日—9月27日
pa-n-ipAt	Paope	9月28日—10月27日
Hwt-Hr	Hathor	10月28日—11月26日
kA-Hr-kA	Khoiak	11月27日—12月26日
tA-aAbt	Tobe	12月27日—1月25日
pA-nmxr	Mshir	1月26日—2月24日
pA-n-imn-Htp	Paremhotep	2月25日—3月26日
pA-n-rnnwtt	Parmoute	3月27日—4月25日
pA-n-xnsw	Pashons	4月26日—5月25日
pA-n-int	Paone	5月26日—6月24日
ipip	Epep	6月25日—7月24日
mswt-ra	Mesore	7月25日—8月23日

来源：凡·贝克拉斯（von Beckerath）

作为西方女神和南方西克莫无花果树女神，哈托尔会出现在每个即将死亡的人身边，为他们献上西克莫无花果树树干中的水分和树汁中的奶。当暴力之神赛特撕裂荷鲁斯的眼睛使荷鲁斯失明时，哈托尔正是借助这两样东西使荷鲁斯恢复了视力。哈托尔还与香水和没药树联系在一起，因此在清洗尸体和尸体防腐的相关仪式中也有她的身影。以上种种表明了哈托尔既是伤者、死者的保护神，也是有关祭祀仪式的女神。

与哈托尔有关的庆祝节日反映了古埃及节日的多样性，节日里既有严肃的为众神、国王和宇宙举办的庆典，又有关于从生日到啤酒等所有有趣事物的庆祝活动。正是由于这些持续几天甚至几个星期的节日，农业日历上才显示了一年里所有的吉祥日子，也标记了工作日和休息日。阿赫特（Akhet）是六月至九月的洪水季；佩雷特（Peret）是十月至次年二月的播种季与生长季；夏矛（Shemu）是三月和五月的丰收季。这些季节表明了三种不同的生活节奏和人们劳动的具体成果，而许多节日的设定正是以此为基础的。

右图：在这幅后埃及时代的壁画中，女神哈托尔被描绘成神圣的母牛形象，头上戴着太阳圆盘和蛇标皇冠。

洪水前夕举行供奉托特的仪式

在八月洪水季，人们于"托特前行"（Going Forth of Thoth）这一天的黎明举办祈祷仪式，以取悦托特。托特可以借助数学能力计算出古埃及人赖以生存的洪水的到来时间。祈祷仪式会为伟大的神明罩上神秘的面纱，加强了他们不可触及的力量。

全知的托特，
看到了一切，
并且理解了所看到的，
理解有揭示
和提供解释的力量。
他把他知道的刻在石头上；
尽管他把它们刻在了石头上，
却把大部分都藏了起来。
宇宙分子的神圣符号
被他隐藏起来……请保持绝对的沉默，
每一个年轻时代的宇宙都可能去寻找它们。
（宇宙或世界的初始或眼睛，……）

改编自 G. S. R. 米德（G. S. R. Meade）的翻译

右图：《阿尼纸莎草》记录了抄写员阿尼（Ani）和妻子图图（Tutu）为托特准备祭品的场景，显示了他们对托特的崇拜。

荷阿克节的播种仪式

荷阿克（Khoiak）是古埃及一个传统节日的科普特名，在洪水发生后的第四个月。那时洪水退去，土壤变得潮湿肥沃。荷阿克节的设立用来表达对本年庄稼和牧场丰收的愿景，以及对索卡尔神的祝福。索卡尔神身兼数职，其中包括负责农业，因此在人们对他的形象描绘中时常有农具出现。

庆祝仪式围绕奥西里斯的神话展开，包含一系列活动。奥西里斯的出生和死亡对应着农作物生长和收获的周期。这一节日在新王国时代高度发展，通常从播种仪式开始，人们会将种子放入奥西里斯形状的模具中，然后把它放进水槽里。

古埃及人对谷物生长周期的这种关注也反映在墓葬仪式上，比

如在陵墓中培育苗床、放置小包土、以及诵读咒语使大麦谷子生长，等等。在节日的前几天，人们会给苗床浇水，女神内杰里特（Netjeryt）会在苗床边缘系上洋葱。各地的神庙里都会举行类似的仪式，虽然时间和地点不同，但都将以升起节德柱的仪式结束。这一仪式代表着奥西里斯的复活，也是玛特的有力象征，因为"节德"意味着稳定。

上图：这个场景没有具体的发生时间。在尼罗河附近的田野上，机械水泵正在灌溉小麦，取代了古埃及人的汲水工具桔槔。

　　到了后埃及时代，仪式变得更加复杂。人们会用泥土和种子制作奥西里斯和孟斐斯地区鹰头神索卡尔的雕像，并把它们埋在每个

城市的每一座神庙的地下，种子封存其中。一年后，人们会挖出这些雕像，作为整个仪式的结束。近年来，人们在卡纳克地区也发现了有关荷阿克节存在的证据。

用音乐和舞蹈来庆祝

在各种庆祝活动中，舞者和歌手随着鼓声、掌声和铃铛声的节奏表演。人们用竖琴和琵琶演奏音乐；舞蹈富有表现力，常伴有扫腿、旋转和跳跃动作。人们不仅会在节日表演舞蹈，也在宴会上表演。一些对抗性的动作象征着战斗，穆图（*mutu*）则会表演看起来忧郁的舞蹈。穆图是专业的祭祀队伍，他们身着长袍，头戴芦苇制成的王冠。奥西里斯和他妻子伊西斯的力量在历代王朝中不断壮大，所以在每年为他们举行的许多节日中，人们必须跳舞。

特克节——拉心意的改变

中王国时代左右，一个有关温柔的、热爱享乐的"醉酒女神"哈托尔的节日诞生了。这个节日是为了庆祝人类因哈托尔沉溺酒水而没有被愤怒的拉神毁灭的时刻。拉看着俗世的人争吵、斗争，对他们的残暴忍无可忍，所以决定让哈托尔（以塞赫美特的形象出现）给人类一个教训。

拉派出可怕的母狮神塞赫美特去残杀人类。塞赫美特将人类撕成碎片，大口饮下人血。拉看着眼前展开的大屠杀，对塞赫美特的所作所为非常满意。但其他神向拉提出了疑问，如果塞赫美特将人类全部杀了，人类又如何能吸取教训？

拉感受到了不安，于是请了一个令人意想不到的神来挽救局面，她就是泰奈奈特（Tenenet）。泰奈奈特是啤酒和快乐女神，她受命用石榴汁将一批啤酒染色，让它们看起来像血一样，并将它们运到丹德拉。塞赫美特正在那里大开杀戒、制造混乱。她看到染了鲜血颜色的啤酒，因口渴难耐停下了脚步，喝光了所有的啤酒，很快就睡着了。过了一会儿，她奇迹般地醒来，重新变成了善良、大方和热爱享乐的哈托尔。

特克节（Tekh Festival）和许多节日庆祝活动一样，随着古埃及接下来的几千年历史兴衰起伏，后于罗马时代复兴。节日活动中包括许多饮酒和击鼓的活动，用来促进人们与女神的亲密交流。哈托尔有时与以母亲形象出现的另一位伟大的天空女神姆特联系在一起，她的节日后来就被转移到姆特的神庙中庆祝。在卡纳克地区的哈托尔神庙中有一个庆祝酒醉行为的地方，那里有庆祝仪式存在的证据。

哈托尔和后来与她融合的女神们，在其他节日和家庭聚会中都因喜爱玩乐而闻名，她们竭力支持畅饮啤酒。只与哈托尔有关的节日其实比特克节更早，但与之非常相似，主

下图：塞赫美特头戴饰有太阳圆盘和蛇头的王冠，手中拿着纸莎草权杖和象征生命的安卡。

右图：卢克索地区的
神庙墙壁上，刻有拉
美西斯二世向底比斯
三联神——阿蒙、姆
特和孔苏——致敬
的场景，他的后面还
站着托特。

要在哈托尔的崇拜中心丹德拉举行。在这一天，一家人欢聚在一起享受丰盛的宴席，人们可以饮酒、跳舞和唱歌，以便更好、更顺畅地与女神交流。这个节日后来在哈托尔主要管辖地区之外也流传开来。尽管这是一个欢乐的节日，但人们还是会谨慎一些。因为哈托尔有隐藏起来的黑暗的一面，即塞赫美特。

美丽的节日

很难想象，在古埃及这样等级森严的社会里有所有人都可以参加的节日庆典，而有关阿蒙、姆特和孔苏的瓦迪节（Wadi Festival）就是其中之一。瓦迪节自中王国时代就已出现，时间在丰收时节和新年之间，也被称为"美丽的山谷盛宴"。这个节日不仅用于纪念阿蒙、姆特和孔苏，也是所有社会阶层的死者的节日，与万圣节、万灵节和万圣节前夜呼应（这些节日原先是一系列崇拜太阳的节日，后来被基督教采用）。

当众神的雕像离开神庙随游行队伍沿着河流到达墓地时，阿蒙神也从卡纳克行至底比斯。与此同时，平民会带着鲜花、食物和饮料去祭奠被埋在简陋墓地的已故亲人，沿途会携带死者的肖像。要记住，在古埃及人眼中，图像是真实的人或神的化身，因此这是一个凄美而强大的仪式。

另一个是瓦格节（Wag Festival），它的设立不仅是为了纪念奥西里斯的死亡，也是为了纪念逝去的家人。人们将莎草纸折成的微型船放在坟墓上，船头朝着西边的夕阳和广袤的沙漠方向；尼罗河上也会漂浮着人们用纸莎草制作的还愿圣物箱。

有关宇宙女神奈茨的节日也是简单而美丽的。古埃及各地的人们会在节日当天纷纷走出家门，点燃油灯。油灯像星星一样闪闪发光，将大地与天堂连接起来，确保了玛特的平衡。

下图：在孟斐斯塞拉皮雍陵墓的石灰岩石碑上，绘有阿庇斯接受人们参拜的情形。塞拉皮雍是为已故的公牛神阿庇斯而建的。

强大的公牛崇拜

关于公牛神力量的神话可以追溯到前王朝时代，最有名的公牛神是阿庇斯。公牛神的力量与古埃及最早的国王有关，国王会被描绘为公牛的形象。一些殡葬工艺品，譬如纳尔迈调色板，就与公牛的力量有关。

阿庇斯是王室圣牛，因其身上特殊的斑纹被挑选出来，它拥有最好的住所、食物和医疗条件，还有一群美丽的母牛做伴。阿庇斯死后，人们将它制成木乃伊，并安葬在花岗岩制成的棺材中。从公牛神阿庇斯的崇拜中心孟斐斯到专为他修建的墓地塞拉皮雍，沿途悼念他的人排成了长长的队伍。根据希腊历史学家希罗多德（Herodotus）的说法，被选中的公牛必须是"黑色，前额有钻石形白色图案，背上有秃鹫形图案，舌头下有圣甲虫形状标志，尾巴上毛的数量是正常公牛的两倍"。

在每年为期七天的公牛节上，人们会领着公牛阿庇斯沿街道游行，街道两旁都

是欢呼的人群；孩子们争先恐后地冲到前面，如果他们能吸进公牛的气息，就能获得千里眼的天赋。

天空的升起

每年的吉时，特别是二至点和二分点之日，都是神出现的日子，世界各地都会进行庆祝。在古埃及，有关太阳神阿蒙或阿蒙–拉的仲冬节（Midwinter Festival）就是这样一个节日，在古埃及日历中位于第六个月月末。这一节日通常被称为"天空的伟大升起"，

目的是庆祝创世。在神话中，是生命之树将大地与天空成功分开了。

在这个吉祥的日子里，优努的工人们收集了鳄梨树、无花果树、槐树或柳树的树枝，以纪念神和树本身。人们若吃下它们的果实，就可以获得永生和所有关于时间的知识，这与节日当天是一年的中点有关。节日的第二天，也就是这一年第七个月的第一天，人们会在优努（今开罗）举行一个仪式来"填补"拉的神圣之眼。

据代尔麦地那工人村一名建筑工人的一则日记记载，在仲冬节前后，另一场节日庆祝活动也开始了，主角是创世神、木匠和建筑工人之神普塔。对于这个刚刚开始建造国王陵墓的建筑工人来说，

这个节日显然很重要。

　　然而，对于大多数村民来说，在这尘土飞扬、蛇蝎成群的沙漠中，他们最宠爱的还是蛇神，其中一位很可能是眼镜蛇女神列涅努忒（Renenutet）。

列涅努忒——矛盾的眼镜蛇女神

　　有关列涅努忒的节日在每年的八月或九月。列涅努忒这个名字意为"养育的人"，恰当地描述了这位来自尼罗河三角洲的眼镜蛇女神的形象。作为一位养育之神，她被视为母亲，但又因目光可以杀人而闻名。她的节日处在丰收时节，那时大麦田里和小麦田里的蛇都非常活跃，它们可以帮助农民捕杀从镰刀下侥幸存活的成群的啮齿动物。因而，农民为了让老鼠等有害动物消失，以及保护自己免受蛇群毒液的伤害，便向列涅努忒献上谷物以寻求帮助，还在啤酒厂和葡萄酒厂周围建造神龛。列涅努忒的节日是有关收获的众多节日之一，这一季节里充满了感激和希望。因为疲惫的农民马上就可以休息一段时间了。

　　从前王朝时代到罗马时代，有关一些新出现的神的节日也被纳入主流节日之中。虽然节日总是出现又消失，但有些节日存在的时

右图：浮雕左侧，以眼镜蛇形象出现的粮仓女神列涅努忒正在监督农民称量粮食。

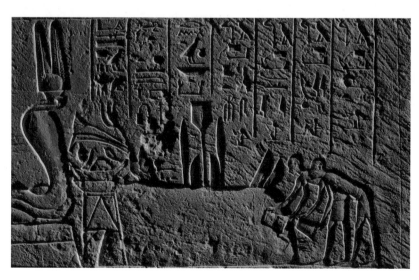

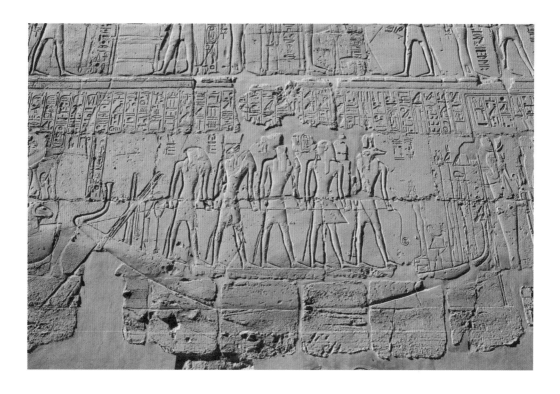

间远远超过了古埃及王国本身的历史。更重要的是，唯有死亡永久
停驻。

祭庙的众神和祭司

当奥西里斯被嫉妒他的弟弟赛特谋杀后，正是荷鲁斯打开了他
已故父亲奥西里斯的嘴，使他能够再次说话、吃饭、喝水、微笑，
这是我们能够想象到的神轻松享受生活的情景。简而言之，荷鲁斯
赋予了他父亲死后第一个世俗的功能。而由伊西斯和死去的奥西里
斯生下的荷鲁斯则像珍贵的珠宝一样被众神守护着。

因此，埃及的国王们（他们是荷鲁斯在俗世的化身）死后也应
该经历"开口"仪式，这样他们在通往冥界的旅途上才能看得见，
到达天上的芦苇之地后才能吃上好的食物、喝上好的酒，尽情享
受。更重要的是，张开的嘴可以让卡和其他重要的精神及部分灵魂
流动。随着时间的推移，"开口"仪式成为维西尔和其他高层官员、

上图：王室守护神、猎鹰之神荷鲁斯打开拉美西斯二世的嘴。

"我已经打开了你的口，张开了你的眼。我已经用阿努比斯的工具使你'开口'了。"

这句话是对阿努比斯职责的经典描述。阿努比斯经常被认为是"开口"仪式的主神，但从《阿尼纸莎草》（由一个生活在公元前1292至前1188年的抄写员所写）可知，包括伟大的天空之神在内的许多神都会参与其中。这个过程不仅是为了让死者可以如生前一般"活动"，也是为了让卡和其他灵魂元素流动起来。

"普塔打开了我的嘴，我嘴上的东西也被地方神松开了。托特确实来了，他充满了魔力。赛特不再限制我的嘴。阿图姆帮我抵挡了限制，并且赶走了赛特。我的嘴被打开了，我的嘴被舒用他的那把铁鱼叉划开了，他就是用这把铁鱼叉划开了众神的嘴。"

来自《阿尼纸莎草》中的"打开奥西里斯的嘴"

翻译：E. A. 瓦利斯·巴奇（E. A. Wallis Budge）

大祭司、富人，以及这些人的雕像、受崇拜的众神、神庙等伟大的建筑、受人尊敬的公牛阿庇斯等共同享有的特权。

可以为死者举行"开口"仪式的神有好几位，其中有两个尖脸神：索卡尔和阿努比斯。阿努比斯是黑皮肤的胡狼头神。从积极的一面看，黑色代表肥沃的尼罗河淤泥；从消极的一面看，黑色又代表腐烂的尸体。阿努比斯的两面性代表着大地衍生的新生命及死亡降临时的黑暗，他负责制作木乃伊，会为死者的复活做准备。此外，阿努比斯经常会以手持天平的形象出现，玛特也正是用这架天平和正义的白色羽毛去称量死者心脏的，这对死者而言是一个非常紧张的时刻。

阿努比斯的女儿凯贝洁特（Kabechet）继承了阿努比斯对尸体和灵魂卡履行的职责。在真理大厅的审判时刻，她会用冷水让亡灵平静下来，并承诺成为他们通往永恒的艰难道路上的向导。

塞赫美特——治疗之神

当塞赫美特是一位母狮神时，她红色的裙子象征着嗜血的欲望；那当她是一位野猫保护神时，她红色的裙子又象征着什么呢？温柔的落日？像大多数凶猛的战神一样，塞赫美特也有着与之截然不同的温柔的一面。她的另一面是一位治疗之神，是所有治疗者和制药者的保护神。红色令人想起炙热的沙漠，所以她又被认为是所有面临艰难时刻的人的守护者。古埃及人会找寻各种魔法配方、医生的药水，或者神谕来减轻痛苦。

前王朝时代的天空之神赫卡被视为太阳神拉的某一面，他是魔法和医学之神。塞赫美特和他一起为生者和死者治疗。赫卡是一位行踪缥缈的神，直到后埃及时代都没有以他的名字命名的神庙或神殿，但有关医学文献、魔法咒语及颂歌的铭文都提到了他。赫卡是古埃及神话中最神秘的存在之一，他没有伟大的故事，但他拥有的无形的魔力被人们认为是众神创造世界时必不可少的力量。

殡葬祭司负责主持葬礼的相关仪式，包括从诵念咒语到制作木乃伊的各种程序，诵念咒语是其中最重要的一环，这些咒语可以让死者安全穿越冥界，去往来世的极乐世界。每位殡葬祭司都有自己负责的环节，但那些负责诵念神圣经文的祭司通常会受到尊敬，而那些负责切割尸体的祭司却会遭人唾弃。这一现象可能与可怕又丑陋的胡狼头神阿努比斯有关。但不管是什么原因，有些倒霉的殡葬祭司确实会在仪式上受到辱骂，在街上还会被人们追赶。

撬开嘴

索卡尔是农业之神、死亡之神、墓地之神、棺木之神，以及许多其他神秘的事物和技艺之神，同时也被一些人认为是"开口"仪式之神，虽然他那尖锐的鹰头状脑袋可能会使这个过程显得相当暴力。长期以来，人们认为主祭司会先在死者的嘴中仪式性

下图：在库努姆神庙的墙壁上，刻有图特摩斯三世握着赫卡的治疗之手的场景。

地插入自己的手指，然后殡葬祭司会在阅读祭司的引导下，以一种虔诚、温和的方式为死者进行"开口"仪式。但后来人们通过对头骨进行更仔细的研究发现，尸体的下颌应是被刀、铁凿、扁斧甚至是公牛的前腿粗暴地撬开的。因此虽然这一仪式得到了祭司的祝福，但还是留下了破碎的牙齿和断裂的下颌骨。

"开口"仪式的程序是不能选择的。按照《阿庇斯防腐仪式》（*Apis Embalming Ritual Demand*）等文本记载，尸体一旦被切割、去除内脏和脱水后，就需要"开口"，接着擦拭干净，抹上芳香油和药用油，还要用防腐树脂擦拭。

这个时候，尸体已经僵硬了，所以祭司别无选择，只能撬开尸体的嘴。这个过程一旦完成，尸体会被亚麻布、树脂、草药和护身符包裹起来，破碎的脸则会被戴上美丽的彩绘面具。古埃及语中，"wpi"一词表示"开口"，描述了两股对立的力量造成的撕裂，所以我们对文本中规定的这些方法不应该感到惊讶。不得不说，荷阿克节上备受人们欢迎的索卡尔与他在解剖台上的角色相去甚远。

无论生死，所有场合都有荷鲁斯神的身影。死者的内脏会被取出放进代表荷鲁斯的四个孩子的罐子里，这四个孩子分别是：豺狼头杜阿木忒弗（Duamutef）、猿首哈庇、伊姆赛特（Imsety）和鹰头凯贝克塞努弗（Qebehsenuf）。亡者身体的各个重要部分在这些罐子里都得到了很好的保护。

下图：作为墓地之神的索卡尔乘着饰有羚羊首的圣船航行；羚羊首是杀戮之神赛特的象征。

祭司和医疗众神

给尸体进行"外科手术"无疑让殡葬祭司学到了很多与身体相关的知识，他们为一系列医学典籍的撰写奠定了基础，其中许多典籍被存放在神庙图书馆中。然而，由于古埃及人沉浸在神的力量里，所以单有科学知识是行不通的。就像如果哈托尔和塞赫美特的治疗力量不与塞尔凯特和赫卡的魔法结合起来，那么就会一无是处。相反他们的结合可以保护古埃及人，治愈他们的痛苦。祭司就是将魔法和医学结合起来运用的人，同时也扮演着普通医生和外科医生这样更实际的角色。

"塞赫美特祭司"这个名字是人们为神庙里的医生起的，它揭示了人们十分相信神会为了人类的利益而工作。虽然医生确实作为独立的群体存在，但他们仍是和驱魔者及神谕顾问一起，通过切身发生的故事，才了解到了众神所拥有的特殊力量。

上图：这两个卡诺匹斯罐代表着荷鲁斯的两个孩子，其中，伊姆赛特（上）保护肝脏，杜阿木忒弗保护胃。

与医疗有关的神有很多：恶魔之神贝斯保护和帮助孕妇、小孩，以及分娩中的母亲和脆弱的婴儿；作为治疗、预防蜇咬的女神，塞尔凯特可以减轻人们被蝎子蜇后的痛苦、对抗蛇毒，蛇蝎这两种生物在沙漠环境中非常普遍且令人恐惧；蝎子女神塔-比杰特（Ta-Bitjet）则可以利用蝎子血制成针对所有毒药的解毒剂。

古埃及王国所有地区、所有时期的人们并非都遵循这些信仰和实践，但他们利用把超自然力量和当时的科学结合的方式来预防、治疗疾病的理念后来依然盛行，《埃伯斯纸草卷》（*The Ebers Papyrus*）上就有相关记载。

《埃伯斯纸草卷》——医学教科书

1873年，德国埃及古物学家兼小说家莫里斯·埃伯斯（Maurice Ebers）买下了一本20米长的纸莎草书，书中讲述了古埃及人是如何

利用魔法和药物共同抵御恶魔和幽灵带来的疾病和伤害的。它写于阿蒙诺菲斯一世（Amenophis I）统治时期（约前1514—前1493），阿蒙诺菲斯一世也被称为"阿蒙霍特普一世"。埃伯斯买下的这本医学字典上记载了700种与魔法结合的治疗方法，且涵盖公式。

这本书可能向我们揭示了古埃及人对疾病最现代的解释。虽然它不是我们认为的医学，但它展现了古埃及人对一系列问题的深刻洞察力，无论是身体方面的问题，还是精神方面的问题。通过这一文本和其他资料，我们知道了古埃及人可以成功进行浅伤口的缝合手术，并利用具有杀菌特性的药物（取自柳树等植物）来治疗伤口。

我们今天了解到的许多疾病在那时已经被发现。虽然古埃及人的治疗方法有限，但并没有太大危害，一些药物也被证明是有价值的。例如蜂蜜、牛奶、芝麻和乳香的混合物可以用来治疗哮喘；杜松、薄荷、大蒜和檀香可以用来舒缓肠胃不适；芦荟汁液则可以用来缓解烧伤。虽然文本中没有提及清洁的重要性，但人们很清楚这一点。古埃及人每天都要被督促保持清洁，好好吃饭。

尽管书中展示了有关身体的详细知识，但动脉、静脉、肠道和其他人体通道全都被归纳于一个由46条通道组成的系统中，这些通道被称为"经脉"（metu），都与心脏相连。经脉可能会被邪灵维克杜（Wekhedu）堵塞，出于邪恶之心，他会迫使脓液流到身体表面，而只有给病人灌肠才能治愈他们的这种痛苦。这种清除体内毒物和邪灵的方式是许多医学的核心理念。

许多古埃及人也在除了《埃伯斯纸草卷》阐述的理论之外寻求预防和治疗疾病的方法。这些方法包括使用护身符、香氛、祭品和文身等，它们对神的吸引力比对医生的更大。毫无疑问，古

埃及特别是新王国时代的古埃及, 确实有一套我们今天能够认可
的疾病检查和治疗制度。古埃及人甚至为工人制定了医疗保健计
划。但仍没有任何迹象表明仅靠医学知识就可以解决问题, 更没
有迹象表明诸如治愈女神伊西斯这样的神有被边缘化的趋势。

荷鲁斯的保护石碑

　　大多数古埃及人都佩戴护身符, 以抵御各种疾病和邪恶力量。一些纪念性的石碑也有同样
的作用, 它们的外形类似小型圆顶石碑。右下方这个石碑的一面是儿童荷鲁斯的浮雕像, 他站
在鳄鱼身上, 手里握着沙漠中最具威胁性的生物: 蛇、蝎子和狮子。类似这种纪念性的石碑直
到托勒密王朝才开始出现, 在古埃及历史中可以说是相当晚, 它们显示了神在保护人们免受伤
害这个方面拥有持久的力量。

　　还有一些更大的石碑上刻有赞美诗、祷文和咒语, 是为了召唤荷鲁斯来保护人们, 有时是
保护其他神。当饱受折磨的人喝了浇在碑文上的水时, 咒语中的"赫卡的魔法"就会被释放。这
段咒语来自对伟大的托特神的召唤:

奥西里斯和女神伊西斯孕育的荷鲁斯万岁,
我曾以你的名字说话,
我已经背诵了你的力量之言……
……正是你说出的决策,
你的父亲盖布吩咐你的那些
你的母亲努特赐予你的那些
你的兄弟昆蒂金教给你的那些
让你的守卫、你的保护持久,
去封住所有蛇的出口, 无论是天上的,
地上的, 还是水中的……
让人们活下去, 让众神满足

来源不明

祭司是神话的叙述者和历史的守护者

　　在很大程度上, 我们要感谢古埃及的祭司, 是他们的认真研究
让人们有了图书馆的概念。多亏他们, 我们才可以通过其诵读、写

下和留存的祷文和赞美诗来研究相关神话。

　　大量的碑文、文本、工艺品、壁龛、纪念碑、神庙和金字塔本身提供了诸多关于神话、众神和神圣王权的信息。考古学家可以使用现代的科学方法来测定它们的年代，但我们还是要感谢一位公元前3世纪的埃及祭司和历史学家，这个人就是马奈托（Manetho）。因为他，我们才能持续跟踪这些变化，并将国王、神的名字及故事与考古发现的图像和日期联系起来。

　　在马奈托的古埃及历史年表中，他记录了30个连续的王朝，每个王朝都有已确认名字的统治者，时间横跨三个王国：古王国、中王国和新王国。他还记录了混乱的中断期，即中间期。在这些政治重组的时期，神的等级和与之相伴的神话总是会发生巨大的变化。马奈托意识到这个贯穿古埃及历史的信仰体系的力量，因此将神和国王的神性也编织进对古埃及历史的叙述中，贯穿古埃及王国所有的稳定和动荡。

　　马奈托的古埃及历史年表是他受古希腊统治者菲拉德福斯（Philadephus）的委托，用希腊文撰写的。为了编纂这部作品，马奈托研究了口头传说、书面文本和一些国王名单，如由象形文字组成的《都灵王表》。他还将某些神和神化的国王编入年表中。虽然人们从未发现古埃及历史年表的完整副本，但已经有一些学者以发

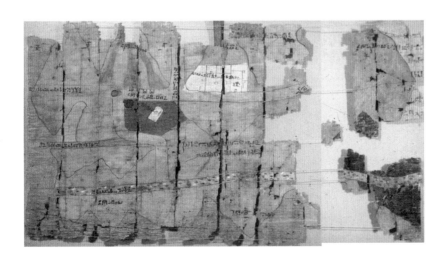

左图：这张古埃及人在东部沙漠开采黄金和白银时使用的地图是都灵埃及博物馆中的莎草纸文物之一。

现的一些片段为基础重构了一份完整的国王名单。

将古埃及带入人类视野

来自巴勒斯坦的基督教历史学家及神学家尤西比乌斯（Eusebius）是利用马奈托的古埃及历史年表构建自己的古埃及历史时间轴的学者之一，他的作品叫《编年史》（*Chronicle*）。他在书中提到了埃塞俄比亚、波斯和马其顿在某些特定时期对古埃及的影响。

来自耶路撒冷的学者及基督教历史学家塞克斯塔斯·朱利叶斯·阿弗里卡纳斯（Sextus Julius Africanus）在他的《编年史》（*Chronographai*）中，尝试将《圣经》中记载的事件和另一个古代文明——来自巴比伦尼亚南部（今伊拉克南部）的迦勒底文明（前10世纪至前6世纪）——的时间表做对比，以此来确定古埃及历代王朝的年代。

现在人们认为，这些历史文稿有可能因当时作者受到的政治压力而与真实的历史不符，因为它们几乎都是用来宣扬某种文明是高于其他文明的文本。但即便如此，这些文本在古埃及有关王权和神话的叙事中出现这一事实仍使我们意识到，世界上的其他地方拥有平行于古埃及的神话、信仰体系和文化结构。

古埃及的神话随着时间的推移而变化，众神的地位随着个别统治者或整个王朝的兴衰而起伏。但如果没有一个较为详细的时间轴来帮我们确定已知历史阶段的具体日期和具体统治者，学者们就很难评估历代王朝之间的相关性，以及确定历史上发生重大变化的关键时间点。

历史变迁中的祭司和众神

在整个古埃及历史中，众神及为他们服务的祭司的道路并不是一帆风顺的。在中间期时，国王和女王并不能掌握所有的权力，首

都会发生变化，深受人们崇拜的众神的地位也是起起伏伏。而祭司
有时是胜利者，有时是失败者。在阿肯那顿（Akhenaten）统治时期
（前1351—前1336），大多数伟大的神都被排挤，只有至高无上的阿
顿（Aten）受到人们推崇。

其他神职人员的命运也悬而未决。在王朝更替中，还有一些突
发事件，譬如探险、贸易、战争和入侵，对众神和祭司的命运同样
产生了深远的影响。这些事件将新的思想和实践经验带给了古埃
及，它们孕育自古埃及王国之外的某个信仰体系；同时，古埃及的
众神也影响到了超越古埃及边界的其他地方。

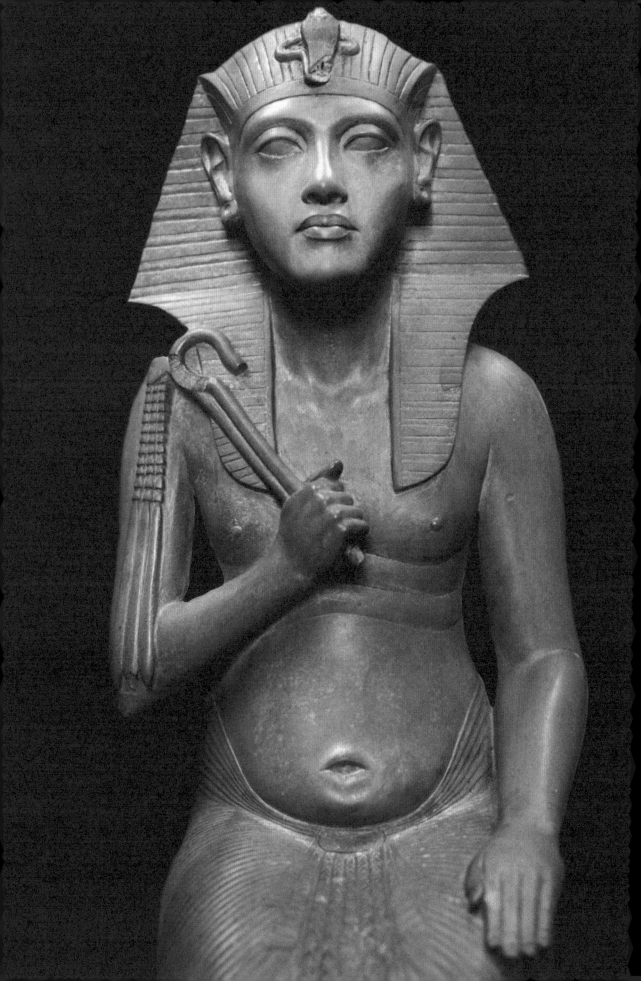

6

第六章
贸易、侵略、扩张和神话

几千年来，古埃及众神及神话的变化有时是循序渐进的，往往受到国王偏好或统治压力的影响；而在其他时候，变化大多是其他地区的文明通过贸易、战争、侵略和扩张对古埃及产生的影响造成的。

　　舒是空虚之神、干旱沙漠之神，也是黑暗中的光明之神和凉爽空气之神，能应对沙漠中危险的蛇。当人们穿越撒哈拉沙漠或希望海风鼓起船帆时，舒是人们首选的神。对于古埃及商人来说，舒担任的多种职责非常有用。因为如果想与某些国家进行交易，就必须穿越干燥、贫瘠的土地和山脉，沿着河流，横跨地中海，踏上危险之旅。而地中海那不可预知的风暴威胁着人们的生命，让旅途变得异常凶险。

对页图：阿蒙霍特普四世将自己的名字改为阿肯那顿，并在统治期间颠覆了整个众神体系。

从前王朝时代开始，商人们逐渐把目光向南投向努比亚和苏丹，向东投向阿拉伯和美索不达米亚，向西投向利比亚等地区。船只和驴车停靠在近东地中海沿岸的贸易城市黎凡特，也就是现在的叙利亚、黎巴嫩、巴勒斯坦及以色列所在的地区。另外在亚洲大陆的边缘地区，以及非洲和欧洲周围的诸多岛屿上，也都有古埃及商人运输货物的身影。

文化交流就这样自然而然地产生了，而信仰的交流在文化交流中占据很大一部分。这尤其是因为古埃及人进行贸易的欲望部分源于他们对装饰神庙、装饰神像，以及装饰金字塔和神圣国王的宫殿所需的奢侈物件。

为了达到这些目的，古埃及作为当时非洲的粮仓，对其出口大量小麦、大麦，黄金、皮革、莎草纸，以及用尼罗河沿岸盛产的亚

右图：商人们在地中海沿岸区域以物易物，不仅交换货物，也交换信仰。

麻制成的亚麻布。作为交换，古埃及进口了雪松和乌木等木材，象牙、青金石和其他半宝石、宝石，香油和树脂（包括乳香和没药），金属银、铜、铁，甚至还为完善牲畜群的种类进口了牛。

虽然这些奢侈物件的贸易往来是以和平的方式进行的，但有时也会涉及武力。即使是早王朝时代的统治者，如迪尔（Djer），也曾南下入侵努比亚。他在那里建立了戒备森严的贸易站，用于运送黄金、象牙和无法从黎巴嫩（用途广泛的雪松木的主要产地）获得的木材。

远方的神

美索不达米亚（包含古伊拉克区域），意为"两条河流之间的土地"，这两条河分别是底格里斯河和幼发拉底河。这两条大动脉不仅浇灌出一个主要的农业地区——新月沃土，还为通往海湾的贸易船

其他国家的众神面貌

从前王朝时代开始持续了3500年的古埃及社会一直推崇开放的多神论。这种多神论使古埃及人非常乐于接受其他地区的神。古埃及已知的神大约有1500个；根据克里斯蒂安·莱茨（Christian Leitz）2003年所著的七卷本《古埃及众神百科全书》（*Encyclopedia of Egyptian Gods and Goddesses*）所述，这些神拥有大约56500个名字及不同的面貌和特质，我们可以从旧王国时代到托勒密王朝及罗马时代的书面文本中得到证明。每一个神都拥有自己独特的形象，需要与他人分担职责，有时会吸收新的面貌甚至是外来民族的名字，包括侵略者的名字。所以，要想从古埃及本土文化中分离出它与外来文化融合的部分几乎是不可能的。

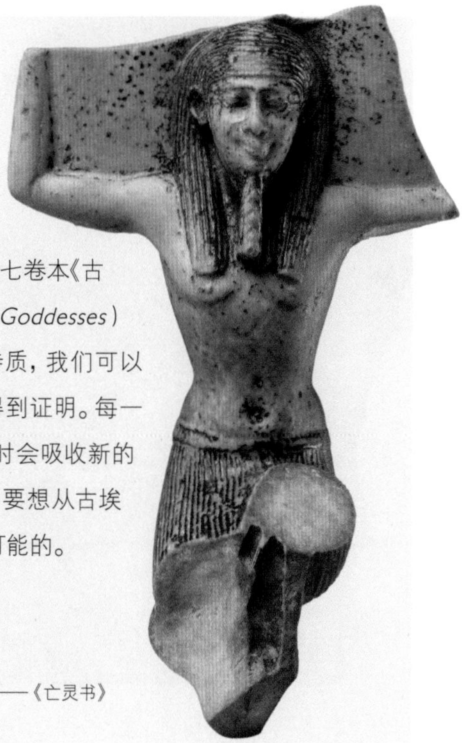

右图："我是舒。我从光明神的存在里……从大地的最深处汲取空气。"——《亡灵书》

只提供了快速通道。至少从古王国时代开始，古埃及就与这一区域中的大国，比如苏美尔、巴比伦尼亚和亚述等在经济、军事和文化方面较有影响力的国家，进行了长久的互动。

至少从公元前5000年起，苏美尔商人和来自尼罗河三角洲城镇的商人就开始了货物交换。不仅如此，他们还交流了双方的思想和艺术，特别是与信仰有关的内容。这两个地区拥有相似的众神分类：完全虚拟的神和拟人化的神；守护神和战神；代表自然力量的神和代表如天文、魔法和司法等智慧力量的神。因此古埃及人相信，众神可能会在这些地方愉快地旅行。

从古王国时代的金字塔文中，我们可以看到来自其他地区的神的身影，如来自古埃及南邻区域努比亚的代顿（Dedwen），他是狮神和为王室提供各种香料的神。到了新王国时代，来自近东和中东的神，如阿娜特（Anat）、阿斯塔特（Astarte）、哈伦（Hauron）、

上图：卡迭石站在她的圣狮上，面对着象征死亡的拉沙夫（左）。在阿斯塔特的雕像上，女神罗马（Roma）守护着罗马（右）。

拉沙夫（Reshef）、卡迭石（Kadesh）和巴勒（Baal）等受到了古埃及人的广泛崇拜，其中一些神享有的特权在以前只属于最古老的埃及神。亚姆（Yam），一位来自黎凡特的神，后来成为海洋之神，是他让两个大陆之间的联系得以永久延续。

到了后埃及时代及托勒密王朝初期，古埃及重要的地方神有时会和其他国家的神融合在一起，如阿娜特-哈托尔就是黎凡特的女神阿娜特和古埃及的天空女神哈托尔的结合。在古埃及漫长的王国末期，出现了诸神的大融合，如奥西里斯和阿庇斯与希腊的众神之王宙斯（Zeus）和酒神巴克斯（Bacchus）融合，成为托勒密王朝的塞拉匹斯（Serapis）。

古埃及神话对外界的影响

阿拉克山燧石刀（约前3400—前3000）和同时期的纳尔迈调色板是两件重要的古埃及文物，据称证明了美索不达米亚的苏美尔人给古埃及人带来的深远影响。右图这把刀的刀柄是由河马牙齿制成的，一面刻有激烈的海战场面，描绘的是苏美尔战士已被留着胡子的埃及士兵压制；另一面刻有一位戴着牧羊人王冠的苏美尔国王的形象，他周围有狮子和公羊等动物，这象征着他作为自然界主宰者的身份。苏美尔人对纳尔迈调色板的影响主要是艺术方面的，调色板的一面刻画了两条大蛇，这两条大蛇与宁吉什兹达（Ningishzida，冥界之神，其象征是蛇）和巴斯木（Basmu，"好树之主"，也是守护神和生育之神）有非常紧密的联系。

诚然，苏美尔人的艺术风格及其文化象征的传播地域广阔是不争的事实但是如果像一些历史学家那样，将这些孤立的证据作为苏美尔人对古埃及神话产生了比实际更大影响的例子，就是掩盖了古埃及信仰体系本身的力量。如就蛇神而言，古埃及（乃至整个非洲）几千年来都有自己的蛇神。

右图：阿拉克山燧石刀刀刃由优质赭石制成，与之连接的手柄由河马牙齿制成。

上图：这是献给冥界之神宁吉什兹达的一个黑色闪长岩雕像，雕刻的是古地亚（Gudea），他是美索不达米亚地区的城邦拉格什的国王。

外来者和征服者的神、神话和祭司

古埃及的繁荣吸引了大量外来者从遥远的他国来到这里寻求工作机会，或成为地方军队甚至中央军队的雇佣兵。不可避免地，他们带来了自己国家的文化、信仰体系、神和神话。外来者涵盖赫梯人（他们的帝国位于地中海与北部黑海之间，是今土耳其所在地）、南部的努比亚人、西部的利比亚人、幼发拉底河区域的波斯人，以及神秘的希克索斯人（他们来向不明，也许是今巴勒斯坦地区的人）。他们不仅想加入强大的祭司行列，还带来了自己的神和神话。正是因为上埃及和下埃及的分裂，以及核心城市如孟斐斯和底比斯之间的分裂，入侵者才拥有侵略的机会，而这样的权力将由他们崇拜的众神授予。

利比亚的祭司国王

让和谐之神玛特失望的是，古埃及漫长的历史中几乎没有哪个国王或王后统治上下埃及的时期是和平安宁的。"中间期"一词被历史学家用来概括古埃及强大的社会变革开始后的一段时间或国家动荡时期，邻国经常利用这个时期进行自己的宗教制度变革及政治制度变革。

拉美西斯十一世（Rameses XI）统治时期（约前1099—前1070）就属于中间期。在他统治初期，民间动乱，盗墓活动猖獗。彼时，底比斯的阿蒙大祭司阿蒙霍特普的势力非常强大，拉美西斯甚至雇用了派内西（Pinehesy）总督指挥下的努比亚军队驱逐阿蒙霍特普。其他混乱仍在继续。为了获得一定的控制权，拉美西斯在上下埃及各地区都安排了军队领导人担任地区首领。在上埃及，他任命皮安柯（Piankh）和赫里霍尔（Herihor）为首领，他们都是从之前入侵利比亚的军队中脱颖而出的。关于二者谁先掌权这一问题，历史学家始终有争论，

但被提名更多的是赫里霍尔。

赫里霍尔并不满足于地方长官的职位，他还兼任了阿蒙大祭司，并在拉美西斯十一世后继承了王位。虽然众神的力量非常强大，但身为大祭司的他还是占了上风。作为一位神圣的国王，他在众神和人类之间斡旋。他披上了神圣国王的外衣，还娶了神圣王后诺吉梅特（Nodjmet）。他们二人的形象总是一同出现在莎草纸上，表达了对奥西里斯神的赞美和崇拜。而奥西里斯无疑会把他们和其他国王与王后一起送往极乐来世。赫里霍尔的野心永无止境。在卡纳克神庙建筑群的墙壁上，还刻有他戴着上下埃及双冠的形象，他的名字也被刻在王名框内。

赫里霍尔有着远大的政治抱负，他并非生于古埃及，但在其宗教等级制度中的崛起震荡了人们对本土信仰体系的认知，而且他并非个例。这种影响是双向的，且是同等程度的。

到了新王国时代的全盛时期，古埃及更加繁

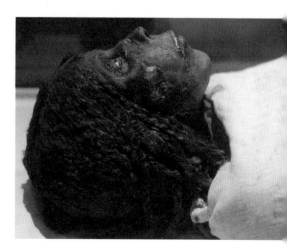

荣，经济蓬勃发展，统治者有意扩大疆域。于是他们创建了一个帝国，从南部的西奈半岛到叙利亚，一直延伸到与基利西亚接壤的北部边界，在原本的古埃及和赫梯帝国（位于今土耳其境内）之间建立了一个缓冲区。自那以后，各种各样的交换风潮盛行起来，交换内容不仅包括神明，还有各种宗教观念、艺术形式、象征和神话体系。

古埃及符号的旅行

人们认为，古埃及的神像、神圣王权和奥西里斯神早在古王国时代就对美索不达米亚产生了影响。如在亚述人用象牙制作的家具上可以发现古埃及神的图像，这些图像也作为标志性符号出现在马具和护身符上。中王国时代，近东地区和安纳托利亚（今土耳其）也开始出现一些古埃及神的符号和图像。在古埃及神话中，纳尔迈是统一上埃及和下埃及的国王。而在黎凡特地区，人们将他对抗敌人的形象进行了改编，将他的强大权力赋予了掌管这一地区风暴和守护肥沃土地的神巴勒。巴勒长有翅膀，手持闪电，形象与纳尔迈相似。其他符号，如饰有翅膀的太阳圆盘、狮身人面像和象征生命的安卡，也成为近东地区神话的一部分。一些历史学家认为，埃及对中东的影响是非常大的，就连《圣经》世界中一些象征的灵感也可能是源自古埃及。

古埃及神话的力量超越了国界

孔苏这个名字意为"旅行者",他是
一位伟大的月亮之神。在神的恩典下,
月亮在天空中绘出了自己的路线。作为
流浪者和旅行者的保护神,孔苏在这片
土地上拥有众多追随者,因为贸易、探
险和战役正是古埃及王国崛起和扩张的
基础。孔苏的责任不仅仅是保护人类的
旅程,作为神的使者,他在恢复宇宙和
人间的和谐中也扮演着关键的角色。

后文要提及的以孔苏为主角的神话
可能写于拉美西斯二世时期(前1279—
前1213),也有人说是拉美西斯三世时期
(前1187—前1156),展现了古埃及在国
境以外拥有的权力和影响力。虽然随着
时间的推移,孔苏的不同面貌逐渐发生了变化,出身也随之改变,
但他和他的伙伴托特总是为旅行者提供支持。卡纳克神庙群中曾出
土一尊灰色花岗岩孔苏雕像,展现了他手持一柄象征生命、繁荣和
稳定的三头权杖的形象。而这一切都必须依靠月亮的循环往复得以
维持。

上图:孔苏曾经被认
为是死去国王心灵的
吞噬者。在底比斯,
他是决定生命长度
的神。

拉美西斯和贝克赫吞的公主

据神话记载,拉美西斯每年都会带着一大批随从远行至叙利亚
西部幼发拉底河附近的涅赫恩,向那片他拥有宗主权的土地上的首
领征收税款和礼物。在伟大的月亮神孔苏的指引下,拉美西斯走遍
了各个角落,甚至走到了处于危险地带的巨大沼泽地。但无论他
走到哪里,首领都会带着丰厚的礼物来到他身边。这些贡品中有黄

对页图:拉美西斯二世收到的贡品包括香水、树脂、香料、稀有木材,甚至是野生动物。

下图:古埃及宗主权统治时期,位于叙利亚幼发拉底河洪泛区附近的哈拉比耶城的废墟。

金、青金石、绿松石和各种木板,都由大批牲畜驮着。每个首领都竭力使自己呈上的贡品比其邻地首领呈上的更珍贵、更沉重。

其中一个首领,也就是贝克赫吞的王,他带来了最珍贵的、最令人瞩目的礼物——他的大女儿,拉-尼菲鲁(Re-Neferu)。国王对拉美西斯大加赞扬,请求他仁慈地对待所有事物,尤其恳求他能将他的女儿作为礼物收下。拉美西斯觉得拉-尼菲鲁公主是世界上最美丽的女人,所以同意公主成为他的新娘,并写下了她的新头衔:伟大的王室妻子,拉-尼菲鲁。回到埃及后,拉美西斯待她很好,公主得到了王室妻子应有的礼遇。

后来,于拉美西斯执政第15年的夏矛季第2个月,他前往城市之母底比斯,感谢伟大的阿蒙神的恩惠。这里是自原始时代就被古埃及人选定的神的心脏所在地。当拉美西斯正在这里参加南亚特节上的收割仪式时,一位使者从贝克赫吞匆忙赶来。

拉美西斯礼貌地接待了使者,并接受了王后的父亲送给王后的礼物。但是贝克赫吞王派遣使者前来还有其他目的。使者俯伏在拉美西斯面前,恳求道:"向您献上赞美,太阳神拉。我们请求您的宽恕,因为贝克赫吞王的第二个女儿本特-拉沙特(Bent-Reshet)已经病入

膏肓，殃及全身，很可能会死去。陛下，王恳求您派一个有学问的
人去看看她。"

拉美西斯从生命之屋请来了他的抄写员和宫廷贵族。他向这些
人说明了情况，并要求他们将最心灵手巧的人带来。于是，王室
抄写员特胡提·埃姆·希卜（Tehuti-em-Heb）被带了上来。拉美
西斯命令他协同一位大使前往贝克赫吞。到了那里，特胡提·埃
姆·希卜发现本特-拉沙特已被恶魔附身，他无能为力。

于是贝克赫吞王又派使者去找拉美西斯，说："哦，陛下，我
的主，我祈求您派一位神来驱逐恶魔，因为只有神有这个能力。"
此时是一年中的吉时，于是拉美西斯来到月亮神孔苏的神庙，他知
道，作为旅行之神的孔苏是最合适的人选。

"哦，我尊敬的主，我代表贝克赫吞王临终的女儿再一次恳求您。"

伟大的神孔苏在一尊精美的雕像上赋予了他的魔力，并将使者连同他的雕像（也就是他的真实化身）一起送回贝克赫吞。孔苏的雕像和随从乘坐马车，在路上奔波了长达17个月。但一到贝克赫吞，孔苏就与恶魔展开了对峙，将它从本特–拉沙特公主的身上驱赶出来，治好了公主的病。

恶魔胆怯又羞愧，他请求孔苏的原谅，并邀请孔苏在离开贝克赫吞之前与他共宴，以示和解。共飨盛宴后，恶魔离开了，回到了自己的国度。孔苏也想回家，但贝克赫吞王想把他的力量留在自己的国度，于是把孔苏的雕像留了下来。

三年后，孔苏急于返回埃及，便化作一只金鹰，想直接飞往埃及。贝克赫吞王为自己将孔苏神留下这么久而感到羞愧。他急于弥补，便将与孔苏有关的所有装饰品、用具及奢华的礼物集中打包起来，全部装上马车，方便孔苏一起带回埃及。这样，祭司、特胡提·埃姆·希卜、使者和随从都回到了故土。为了表示对孔苏的敬

下图：这是一尊出土自叙利亚地区的镀金镀银巴勒雕像（约前1300）。巴勒呈纳尔迈式姿势，身体朝着武器被投掷出去的方向。

神话对艺术的影响

纳尔迈是第一个统一上下埃及且被半神化的国王。他标志性的、强有力的击败敌人的姿势影响了古埃及贸易距离内其他地区神的形象，如描绘黎凡特地区暴风雨之神巴勒的一块石碑（现藏于卢浮宫）。除了调皮的精灵神贝斯等形象特别的几位神外，人们对大多数古埃及神的描绘采用的都是侧面描绘，这种风格也被重复使用。在近东和中东的一些地区，甚至能看到安卡（古埃及人的生命象征）、斯芬克斯和带翅膀的太阳圆盘的意象。古埃及信仰体系的概念和意象，特别是新王国时代的信仰体系和意象，与那些后来成为《圣经》土地的地区拥有的信仰体系和意象之间存在某种同步性。

意，拉美西斯将孔苏的肖像摆放在大神殿里，把贝克赫吞王的礼物作为供品摆在他身边。因为拉美西斯做出了正确的决定，所以玛特要求的和谐终于得到了恢复，世界也恢复了正常。

古埃及以外的斯芬克斯

古埃及的斯芬克斯狮身人面像曾被埋在吉萨高原的沙子里，现在矗立于金字塔旁。它的存在是一个谜，最初的用途也是一个谜，但它仍然十分受人尊敬。当它面向正东方时，人们把它当作 *Hor-em-Akhet*，即"地平线上的荷鲁斯"来崇拜。因此可以肯定的是，它与太阳神拉有联系。

下图：纳克索斯狮身人面像（前570—前560）竖立在德尔斐阿波罗神殿的柱子顶部。

斯芬克斯是人类和野兽的混合体，这很符合神话中的一个观点，即它是用谜语挑战他人的神圣存在。早在公元前2160年左右的古王国时代末期，它的形象就从埃及传播到了亚洲。在亚洲，斯芬克斯大部分是女性。但斯芬克斯真正"起飞"是在公元前1600年左右的古希腊，"起飞"是字面意思，因为很快它就有了翅膀。这也是它最著名的形象，孕育自波提亚底比斯中部的一个城市。在那里，一个围绕着斯芬克斯的伟大传说后也随之诞生了。

古希腊的斯芬克斯神话

　　缪斯女神是指众神之王宙斯九个富有创造力且受人喜爱的女儿，这些想象力丰富的女神教给了长有翅膀的斯芬克斯一个谜语。斯芬克斯很满意谜语的复杂性，于是她开始用这个谜语来考验受试者。因为斯芬克斯肚子很饿，所以她决定，如果人们回答不上这个谜语，她就把他们嚼碎咽下去。

　　她的问题是："什么生物先有四条腿，再有两条腿，最后有三条腿，但只用一种声音？"人们一个接一个给出答案，但都不正确。底比斯的悲惨国王俄狄浦斯出现了，他意外地杀死了自己的父亲，并在毫不知情的情况下娶了自己的母亲。他给出了答案："你

伟大的吉萨狮身人面像

　　吉萨狮身人面像高 20 米，长 73.5 米，是斯芬克斯崇拜形象中最大且最著名的一个。它的身体是狮子，头可能象征国王或王后的头颅。没有人知道这座伟大的石灰石雕像是按照谁的形象雕刻的，有一种推测是，它是第四王朝胡夫(Khufu)的儿子们为了纪念胡夫而委托他人雕刻的。

　　由于材料是石灰石，狮身人面像很容易风化，但这并不能解释它的鼻子、圣蛇(头饰上的标志)和胡须为何断裂。现存的许多说法试图对此做出解释，一说是拿破仑的军队用大炮把它炸毁了，但这种说法现已被推翻。那会是以毁坏除阿顿外的神庙和神像闻名的极端一神教崇拜者阿肯那顿(也就是阿蒙霍特普四世)的一次破坏圣像的行为导致的吗？我们尚不清楚。

右图: 狮身人面像是迄今为止卢克索地区出土的最大型古物。2018年发现的新狮身人面像目前正在挖掘中。

说的那个生物是人类。人类最初用四肢爬行；然后用两条腿走路；到了老年，两条腿没了力气，所以需要第三条腿：一根棍子。"

这个与谜语有关的神话既调皮又富有创造力，但它把斯芬克斯描述成了一个相当残忍且善于操纵人类的生物，这与长久以来古埃及人对斯芬克斯这一强大的偶像表现出的崇敬之心是相反的。斯芬克斯的形象流传久远，但它所代表的精神显然并非一成不变。然而，对于跨越陆地、海洋且历经几个世纪又被另一个文化和信仰体系所吸收的神话形象，这种结果非但不可避免，且很常见。来自古埃及（可能是新王国时代）的斯芬克斯神话就证明了这一点，并与波奥蒂亚底比斯的神话形成了鲜明的对比。

迦南混沌之神亚姆与古埃及神赛特的相遇

在古埃及神话的影响下，许多故事都发生了变化，这一点在迦南混沌之神亚姆的史诗故事中得到了体现。原本的故事是这样的。

亚姆这个名字的意思是"海"，他是迦南人的混沌之神，掌管河流，当然也掌管海洋，尤其是狂风暴雨下的海洋。在迦南神话中，至高神埃尔（El）授予了亚姆神圣的王权和自主权，使其凌驾于其他所有神之上，亚姆因此感到非常高兴。刚开始一切都很顺利，但亚姆很快被权力冲昏了头脑，渐渐展现出残忍的一面，开始疯狂打压其他的神。他的妻子母亲之神亚舍拉（Asherah）一开始不断恳求他停止这种行为，但后来她觉得是自己做错了，也担心孩子会受到牵连，便把自己完全地献给了亚姆。

对于掌管死亡和疾病的神巴勒来说，亚姆的行为实在是太过分了。于是，他与众神商议并策划了一场反对亚姆的叛乱。但是埃尔提前得到了风声，他要求众神逮捕并交出巴勒，他要施以惩罚，这意味着巴勒将必死无疑。后来，众神勇敢地拒绝了这个要求，巴勒也趁机溜走，并用工匠之神科塔·卡西斯（Kothar wa-Khasis）制造的最致命的武器将自己武装了起来。

在一场激烈的战斗中，巴勒打败了亚姆，救出了亚舍拉，但他被死亡和不育之神莫特（Mot）攻击了。莫特指控巴勒不仅杀死了亚姆，还杀死了一条与自己关系要好的大海蛇洛唐（Lotan），所以他谋杀了巴勒。亚姆躺在那里，毫无生气，看起来似乎已经失去了一切。这时他的妹妹（也是情人）阿娜特（Anat）将他唤醒，让他恢复了生机。这样一来，阿娜特确保了旱季结束、雨季来临，庄稼终于可以播种，一年一度的循环得到了保证，未来也有了希望。

显而易见，这一故事与奥西里斯、伊西斯和赛特的故事有许多相似之处。而且随着各地文化的交流，古埃及人通过阅读《阿斯塔特卷》（*The Astarte Papers*）认识了亚姆，而其中提到的阿斯塔特女神则是由希克索斯人带到埃及的。

上图：阿娜特经常被描绘成手持梭子的形象，这让人们将她与埃及的编织和战争女神奈茨联系在一起。

因此，古埃及人构建了迦南神话的另一个版本，在这个版本中，阿斯塔特女神试图说服亚姆改过自新，而强大的沙漠风暴之神赛特则是打败他的英雄，这是罕见的针对赛特的正面描述（尽管早期的赛特确实有正直道德的一面：作为死者的朋友，他帮助死者爬上通往天堂的梯子）。与亚姆神话恢复和谐的主题相呼应，赛特亦是沙漠中绿洲的守护者；正如阿娜特为迦南带来了雨水，赛特亦为干旱的土地带来了水源。

这个故事还有其他版本，而且与古埃及神话有相似之处。在黎凡特和现在的土耳其中北部就流传着这样的故事，而从公元前2000年开始，这里变成了赫梯人的领土，他们在公元前1274年入侵了古埃及。各种各样的外来者为古埃及这片土地赋予了自己的神话。

阿蒙和希克索斯人的到来

阿蒙虽是底比斯城的造物主和崇拜神，但他没有成为人们关注的焦点。一直以来，他的光芒被凶猛的战神门图掩盖了。和其他创世神一样，阿蒙是隐藏的、神秘的，具有无法被定义的可塑性，他能够变成统治者认为合适的任何样子，适应任何场景。

当孟斐斯成为古埃及的首都时，底比斯一度成为相对落后的地区，因此阿蒙和他的妻子阿蒙内特（Aumnet）过着相对平静的生活。然而，当地的祭司和首领并不安于现状，他们开始树立阿蒙的形象。到了中王国时代，阿蒙为了姆特抛弃了阿蒙内特，并与姆特生了一个儿子，也就是月亮之神孔苏。就这样，他们的崇拜力量得到了迅猛发展，一直持续到第二中间期这段政治动荡的时期。

从实际看，这可能是下尼罗河港口城市阿瓦里斯的希克索斯人的到来导致的，但外来者也可能只是填补了政治上的真空。渐渐地，到了公元前1720年左右，这些来历不明的入侵者（也许是黎凡特人）在下埃及地区崛起，并在阿瓦里斯和孟斐斯建立了自己的势力。就这样，上埃及的底比斯城再次被远远甩在身后。

上图：阿斯塔特是迦南的天堂女王，人们用奠酒和燃烧后的贡品来供奉她。

赛特的兴起和新神的到来

邪恶的混乱和暴力之神赛特成为希克索斯人的首选崇拜神。但很少有证据表明希克索斯人是用武力征服的下埃及，也很少有证据表明他们完全控制了这个地区。据说，正是他们将马车引进古埃及的，这可能表明了他们的武装力量和军事意图，但这一观点尚未得到证实。崇拜赛特是一个很好的选择，一方面赛特能用他的愤怒征服当地居民；另一方面，这也证明了希克索斯人有意遵守和融入古埃及的信仰体系。

希克索斯人没有忘记自己的神，他们将新成员引入了古埃及神谱。而当我们看到希克索斯人最钟爱的神之一拉沙夫时，就很容易理解他们为什么会选中赛特当自己的崇拜神。和赛特一样，拉沙夫也很可怕；与赛特不同的是，他是一名士兵，而不是一个恶毒的阴谋家。不仅如此，拉沙夫还是一位真正的战神和雷电之神。拉沙夫有一个忠诚的家庭，他的其中一位妻子是艾图姆（Itum）；另一位是卡迭石，他们两个人共同创造了生育之神敏。敏史诗般的辉煌事业跨越了整个古埃及神话的历史。

拉沙夫并没有立即受到当地所有人的欢迎，崇拜他的主要是经常去位于孟斐斯的拉沙夫神庙的外来者。因为之前希克索斯人在一次反常的侵略行为中，对孟斐斯发起了猛攻并取得了胜利。在这个高度等级化的社会里，希克索斯人可能塑造了一个高于臣民的新阶层；如

敏和潘

敏（下图）一直存在。尽管经历政权更迭、战争和侵略，但他从未真正失宠。他是一位创世神、东方沙漠之神、阳刚之神、亚麻之神。他的标志是两支箭和一个钩子，象征是莴苣。在托勒密王朝，作为生育之神的敏与潘（Pan）的形象很好地融合在了一起，潘带有敏的特质。敏的崇拜地集中在上埃及东岸的柯普托斯和艾赫米姆周围。据说艾赫米姆这个名字就来源于肯特-敏（Khent-Min）和科普特语中的卡敏（Khmin）。根据古希腊地理学家斯特拉波（Strabo）的说法，艾赫米姆后来成为重要的亚麻制品中心，这也提高了敏的声誉。

果真是如此，那么他们的拉沙夫神庙可能会禁止除最富有的古埃及人以外的任何人入内。

但这并没有阻止拉沙夫在当地变得越来越受欢迎。他是古埃及从其他地方引进的神中的典范，人们将他与底比斯的战神门图联系在一起。后来，他甚至上升到了"永恒之主""天空之主"的地位。在吉萨地区，阿蒙霍特普二世（Amenhotep Ⅱ）在其统治时期（前1426—前1400）竖起了拉沙夫和阿斯塔特的石碑，以求他们在战备阶段保护自己。

拉沙夫的外在形象融合了各类宗教文化。他蓄着当时叙利亚式的胡须，手持长矛、战斧和盾牌，头上戴着他的第二故乡上埃及的王冠，王冠上刻有赫梯的瞪羚头。

拉沙夫——瘟疫之神

拉沙夫的希伯来名字——"瘟疫之神"或"火焰之神"，可能透露了他是如何来到阿瓦里斯的。虽然尚不清楚具体情况，但有人认为希克索斯人可能是因为瘟疫才离开了家园。另一方面，人们认为公元前1650年左右中王国时代的崩溃也可能是由瘟疫引起的，希克索斯人只是利用了这场灾难。不管怎么样，古埃及人开始依赖拉沙夫来保护他们免受致命的流行病和阿卡（一种会引起胃痉挛的恶魔）的伤害。

女神阿斯塔特深受当地人的喜爱，在中东和地中海各岛的评价都很高。她是象征生育、美貌和爱情的女神，作为战争女神的一面，则带有古埃及诸神那种典型的暧昧性。人们认为她与哈托尔及伊西斯相似，这两位都是伟大的母神，充满了力量和决心。阿斯塔特虽然从未成为最伟大的神之一，但她确实是一位国际化的神，古埃及以外的许多地方对她的崇拜经久不衰；在塞浦路斯，腓尼基人为她建造了许多神庙。许多其他的神在古埃及的其他地区也展开了他们的羽翼。

赛特杀死自己的哥哥奥西里斯，将尸体沉入水底的计划失败后，又把尸体砍成了13块。古埃及人对赛特既害怕又着迷——他们的恐惧表现在把赛特雕像的耳朵砍了下来，用羊角代替，这可能是为了改造他或者阉割他。赛特也有具备保护性的一面，这使得他的特质有些含糊不清、令人不安。虽然他残忍又暴力，但他经受住了时间的考验，一直坚持到了古埃及王国衰亡的尽头。

人们对赛特的崇拜超越了国界。在古希腊，他被认为是体形巨大的神提丰（Typhon），谁都无法逃脱提丰的掌控，因为他的手臂可以从最东边伸到最西边。就连至高无上的宙斯想要消灭提丰，也只能向他投掷燃烧的埃特纳山。

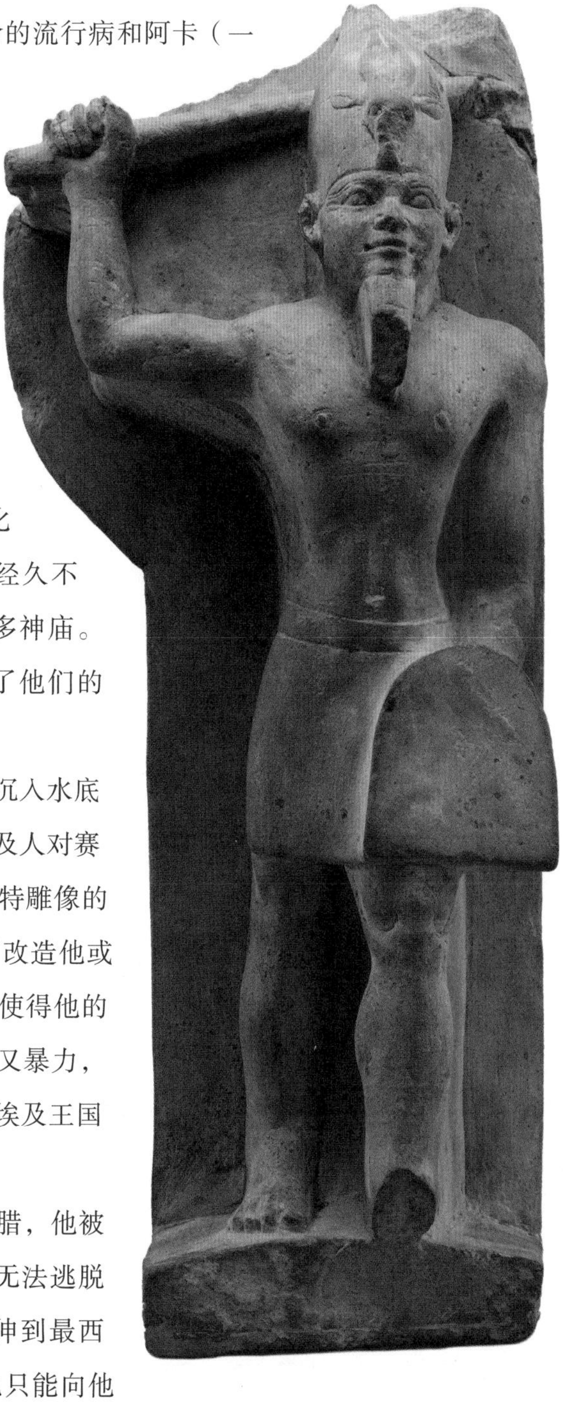

上图：拉沙夫的这座雕像（约前1184—前664）显示了他正处于战斗状态，他的白色王冠上饰有瞪羚头颅。

阿蒙——不太像英雄的英雄

对页图：这幅图显示奥西里斯（左）是被赛特引诱走进了一个美丽的棺材。

尽管有希克索斯人和新神的威胁，阿蒙也不会屈服的。雅赫摩斯一世（Ahmose I）在统治时期（前1570—前1544）起兵征服了希克索斯，这位新法老将他的成功归功于底比斯神，新王国时代从此开始了。阿蒙不再是一个无形的神，而是与耀眼的太阳神拉融合，成为阿蒙–拉。阿蒙终于有了一个可见的象征：一个简朴的、光芒四射的太阳圆盘。

阿蒙与中坚力量赛特、奥西里斯、伊西斯和荷鲁斯一起，成为古埃及历史上最能经受住时间考验的主要神明。在罗马帝国扩张的过程中，他们以各种形式被带到欧洲各地。当阿蒙–拉以系着腰带、戴着双羽头饰的男人形象出现时，他在古埃及以外的地方没有得到太多关注；但当他是羊首人身时，他的形象沿着贸易路线向南传播到了苏丹的梅罗，并穿过地中海到达古希腊，在那里他被称为阿孟（Ammon）。如来自马其顿王国的亚历山大大帝（Alexander the Great）曾在其统治期间（前332—前323）到锡瓦绿洲请求神谕，神谕就与阿蒙–拉在底比斯崇拜中心发出的神谕非常相似。

那么像拉沙夫这样的外来神呢？确实，他们的星光本可能会轻易地黯淡下来，但因为他们在中东和地中海已经有了古老的神话基础，并且这一基础从未消失。所以

下图：据说锡瓦的神谕内容是，亚历山大为"阿孟之子"。

ALEXANDER A SACERD. APPELLAT. FIL. IOV. HAMM.

《温阿蒙历险记》

《温阿蒙历险记》（*The Report of Wenamun*）是一部用象形文字写成的文学作品，它充分体现了神、神话、旅行和政治之间的相互关系。作为至高无上的神，阿蒙-拉是这个故事出现的最初原因。这个故事大约写于公元前1090至前1075年，当时在邻国眼中，古埃及的权力正在减弱，同时赫里霍尔正在逐渐掌权。

故事以第一人称叙述，作者从古埃及航行至黎凡特，意为底比斯神阿蒙-拉的祭司船寻找木材。回国后，叙述者向国王描述了这趟奇幻之旅，并传达出正是由于古埃及失去了权力和地位，他在履行使命的旅程中才遇到了越来越多的障碍这种观点。故事情节既包括对神的祈求、神迹，也包括遭海盗抢劫的考验，以及海上生活和文化给他带来的观念上的冲击——温阿蒙后来变成了抢劫者。

右图：在这块出土自底比斯的石碑（约前1075—前925）上，温阿蒙（右一）正在讲述他的故事，他的对面依次是荷鲁斯、阿努比斯和托特（从右至左）。

后来他们在古埃及迅速崛起，而古埃及广泛的贸易网络和针对邻国的帝国主义绝对不会对拉沙夫和其他神造成任何伤害。人们认为拉沙夫与许多神有关，如伟大的古希腊神阿波罗，人们偶尔还会将他与战神玛尔斯，甚至是《梨俱吠陀》中记载的来自印度次大陆的风暴之神楼陀罗（Rudra）和古巴比伦王国的死亡与疾病之神内尔格勒（Nergal）联系在一起。

左图：以公平形象出现的阿蒙-拉，他始终保护并支持国王塔哈尔卡（Taharqa），后者是一位库施王国（今努比亚）的统治者。

阿蒙落败于阿顿

献给太阳神阿顿的赞美诗颇像《圣经》中的诗篇。一些历史学家认为，古埃及突然推崇一神教的行为在《圣经》中得到了印证，因为在赞美诗中可以找到妥拉[1]里记载的希伯来语的施玛篇[2]。时间会证明这种说法是否属实。但当阿蒙霍特普四世决定成为阿肯那顿，且为了支持阿顿而抛弃其他主神，只留下了影响力最小的一些神时，一个新的单一创世神的概念出现了，即使它只持续了17年。

作为阿肯那顿，即"一个对阿顿有益的人"，这位国王反对传统，他摧毁了许多神庙和所有其他伟大主神的雕像。取而代之的是，他在这些地方建造了宏伟的露天神庙，最初这些神庙建在卡纳克。这些用砂岩块建造的神庙饰有带顶的走廊，两旁排列着支撑阿肯那顿巨大雕像的柱子。墙上的浮雕和绘画描绘了这位神圣国王和他的家人沐浴在阿顿耀眼光芒下的场景。光线末端的大手向纳芙蒂蒂王后和她的孩子们伸出，阿顿的慷慨、祝福及太阳将他们融合在一起，为他们带来了光明和生命。

没有人知道阿肯那顿为什么抛弃多神论而选择这条艰难的道路，他可能是一个极端人士。他对战争或外交毫无兴趣，对邻国甚至附庸国的态度也总是摇摆不定。或许他对国家事务缺乏关注是因为目光短浅，他只关注阿顿，而没有考虑其他因素。

事实证明，一神教确实只存活了不久。阿肯那顿死后，古埃及众神和神话

对页图：在献给阿顿的赞美诗（右缺失部分）旁边，王后泰（Tey）在国王艾（Ay）身后向阿顿致敬。这个浮雕（前1323—前1319）出土自位于阿玛纳的艾的陵墓。

下图：这是一座描绘阿肯那顿国王和纳芙蒂蒂王后的彩绘石碑，他们戴着象征权力的眼镜蛇王冠。

---

[1] 指《旧约》的首五卷。——译注

[2] 犹太教徒申述对上帝的祷词。——译注

下图:舒(左)没有以狮子的形象出现,他戴着羽毛冠,代表了他作为空气之神的那一面;而泰芙努特戴着饰有蛇形标志的太阳圆盘冠。

很快就又重新出现了。阿顿也留存了下来,丝毫无损。古老的神、那些业已悄然进入谱系的新神,以及附着在他们身上的神话和价值观,只是短暂地被剥夺了地位。玛特要求的秩序终于又得以恢复。

舒和泰芙努特——旅行的狮子

以太阳圆盘为象征的阿顿,其实是太阳神长子舒拥有太阳神权力时的那一面。因为这种联系,在阿肯那顿统治时期,舒没有和阿蒙一起被边缘化。虽然没有神庙以舒命名,但有许多宫殿是以舒命名的。在内达哈特有一个舒的文化崇拜中心,他与妻子泰芙努特在那里被人们当作狮神崇拜。

后来,希腊人把这座城市改名为"莱昂托波利斯",那里有很多舒和泰芙努特的追随者,他们还新创造了一个有关这两位神的神话。神话中,幼年的舒和泰芙努特一起玩耍;长成大狮子后,他们

徘徊在领土的东西部边界，保护着这片土地。作为守护着古埃及王国的令人畏惧的卫士，他们的身影还时常出现在头枕的两侧，保护着安睡的人类。

舒可能曾与阿克鲁（Akeru）融合，后者名字的意思是"弯腰的人"；舒也可能作为鲁蒂（Ruti）存在，这个名字意为"两只狮子"。在这两种情况下，舒受到了罗马人和古希腊人的青睐。这些凶猛的神保护着冥界的东方和西方，尤其是在拉夜行时。在拉夜行的整个旅途中，狮子舒背着拉，保护他免受蛇神阿佩普的伤害，并在日出时分抵御来自东方的敌人。古希腊人和罗马人还热衷于将两只狮子雕刻在门的两侧。在他们的象形文字中，这两只"大猫"被描绘在远处的地平线上，皮肤上常有斑点，样貌像是已经灭绝的巴巴里狮子。

伊西斯——屹立不倒的女神

公元395年的罗马时代末期，埃及成为拜占庭帝国的一部分，众神中只剩下一些引人注目的神，其中一对就是伊西斯和她的丈夫下图：伊西斯的形象吸收了哈托尔的象征性标志和外貌特点，如她的头发是绿松石色。

奥西里斯。很难说清楚究竟是什么特质可以帮助一个特定的神在其他文化中生存，其中一种可能是与这个神有关的神话涉及斗争、死亡和重生，或者神话本身与非常明显的自然现象如尼罗河的泛滥和太阳的东升西落有关。

传说与童话——小说的发展

神话是我们所拥有的古埃及最久远的文学遗产，因为它可以与许多有形、可见的事物，如神秘的象形文字、石碑、雕像、神庙、金字塔，以及各种各样的手工艺品联系在一起。这些可以加强正反两派神明的相关故事的力量。然而还有其他一些故事，它们大部分写于新王国时代以后，其结构和人物更像今天童话的原型，更像阿拉伯的《一千零一夜》（*Tales from the Thousand and One Nights*）。

众神在这些作品中仍然占有重要地位。在这些故事中，众神的生活不仅涉及彼此或神圣国王，还与人类的生活交织在一起。宇宙的故事开始变得接地气，除了众神、国王与王后，还涉及贫民、恶魔和类似童话中的公主。在这一时代，这些故事可能是流行文化的一部分，并得到了广泛传播，影响了世界其他地方传说和史诗的形式。如伊西斯是一位勇敢的女神，充满力量、激情和仁慈，她的性格就在后来的这个故事中有所体现。

伊西斯和七只蝎子

伊西斯和她的丈夫荷鲁斯总是要躲在尼罗河边茂盛的纸莎草丛里，躲避要迫害他们的赛特的锐利目光。所以每天晚上散步时，伊西斯身边都有七只蝎子哨兵陪伴：三只走在前面检查一切是否正常，两只看着她的背影，还有两只走在她身边。伊西斯提醒哨兵们走路要安静，以防在附近的赛特发现；也不要和陌生人说话，以免他们不小心透露出伊西斯的名字。

一天晚上，他们漫步走向两姐妹镇，一旁是尼罗河三角洲，静静的水面波光粼粼。到了需要休息的时候，他们停在了城郊一个贵妇人精致的房子前。但贵妇人完全不了解眼前这个女人的地位和名声，所以一看到这些蝎子，就当着他们的面把门"砰"的一声关上了。蝎子们看见这个情形，愤怒地扭动着身体，带有剧毒的、会蜇人的尾巴向上弯曲着。但疲倦的他们还是离开了这个精致的大房子，来到了一个年轻的农家女孩的家。她的房子很简朴，是用日晒砖砌成的，屋顶是用芦苇做的。年轻的姑娘走出屋子，邀请他们进屋休息。伊西斯高兴地走了进去，但她这群忠诚的卫士仍然满腔愤怒。

走在后面的其中一只蝎子名叫特芬（Tefen），他默默地吸噬同伴的毒液，并让毒液充满了自己的刺。然后，他蹑手蹑脚地向贵妇人的家走去，并从门下的缝隙爬了进去，在那儿他发现了贵妇人熟睡的儿子。他毫不留情地用汇集了七只蝎子剧毒的刺扎伤了小男孩。小男孩尖叫起来，他的母亲飞快地冲进来，抱着他跑遍了小镇的大街小巷，求别人拯救自己奄奄一息的孩子。

正在年轻姑娘家中休息的伊西斯因为拥有敏锐的听觉和感知，听到了这位母亲的哭声。她忘记了自己曾在贵妇人那里受到的侮辱，跑出来把男孩抱在怀里。伊西斯严肃

下图：伊西斯被描绘成一条吃自己尾巴、名叫乌洛波洛斯（Uroborus）的蛇，它象征着永恒。

地看着她的蝎子哨兵们，一个接一个大声说出他们的名字：捷泰特（Tjtet）、马泰特（Matet）、皮泰特（Petet）、梅泰特（Mesetet）、梅特夫（Mesetetef）、比芬（Befen），最后是罪魁祸首特芬。随着她一个接一个念出名字，他们的毒也渐渐失效，当念到特芬时，这个男孩瞬间被治愈了，痛苦也消失了（被蝎子蜇伤是非常痛苦的）。贵妇人非常感激伊西斯能让她的儿子重获生命，于是把自己所有的财富都给了好客的农家姑娘和伊西斯，但伊西斯根本不在乎这些。

古埃及先是落入古希腊人手中，后落入罗马人手中，在这几百年里，古埃及众神与新统治者信仰的其他神相互融合了。古埃及众神传授给其他神许多精神，并由后者传播到了中东和西欧。但令人唏嘘的是，古埃及众神始终未能为复兴于19世纪且持续到今天的现代文化做好准备。

时间变幻中的神话

古埃及神话随着时间的推移而变化，众神随着统治者或整个王朝的兴衰而变化。如果不能通过一个历史时间轴来确定已知时期和已知统治者，学者们就很难评估它们的相关性及确定重要变化的关键点。

古埃及人民邀请亚历山大大帝帮助他们脱离波斯的压迫，这预示着托勒密王朝的到来。古希腊的强大影响力是显而易见的，这一时期从公元前332年持续到公元前30年。即便克利奥帕特拉七世（Cleopatra Ⅶ）也不是土生土长的埃及人，而是马其顿人。幸运的是，古希腊哲学家、历史学家和作家，包括马奈托、普鲁塔克（Plutarch）和希罗多德在内，依然将注意力转向了古埃及的信仰体系和神话。

在托勒密王朝，古埃及众神被吸收进入古希腊众神体系；在罗马时代，这些众神信仰传遍了整个罗马帝国，传播媒介通常是神秘剧，如关于奥西里斯的神话剧。虽然一些古老的思想仍然回荡在科

普特教会（基督教东派教会之一）管理下的古埃及，但要想证明古埃及的宇宙学传播到了更远的地方，最好的例子可能是人们对伊西斯的崇拜。这种崇拜向东传播至中东地区，向西传播至莱茵河岸、罗马，最远甚至传播到了英格兰。

右图：这是一尊古埃及晚期（117—138）的伊西斯雕像。她虽以罗马女神的形象出现，右手摇晃着的却是古埃及的摇铃。

7

第七章
古埃及灭亡后的神与神话

古希腊人在公元前 332 年控制了古埃及，自此古埃及众神的旧秩序被打破了。先后因古希腊、罗马的统治，古埃及的众神被融合、重塑。但恰恰也是因为这些影响深远的伟大帝国，古埃及的众神才享有了非凡的生命。

沉没在尼罗河三角洲的淤泥中

混乱和破坏之神赛特一定很高兴。地中海南部的地震运动埋葬了伟大的港口城市索尼斯·希拉克莱奥，城市里有一座伟大的阿蒙神庙。作为曾经从古希腊进入古埃及的唯一港口入口，大约从公元前8世纪开始，这里就是一个举足轻重的贸易站。但在地震和其他自然灾害发生后，城市下面的淤泥堆随着时间的推移慢慢松动，然后在液化和沉淀的过程中溶解了。

对页图：图坦卡蒙陵墓中的一具木乃伊形棺材显示，他被描绘成了奥西里斯的样子，手臂上绘有秃鹫和眼镜蛇的图案。

像守卫港口的尼罗河之神哈庇的神像一样，那些巨大的花岗岩神像慢慢地滑入浑浊的水中，不断上升的海水随即将它们淹没。直到2000年，人们才在埃及阿布基尔湾水下约45米处发现它们。这一伟大港口的崩溃标志性地反映了古埃及王国放弃权力并开始崩溃的真相。然而，在海平面上升的地方，并不是一切都了无踪迹。

公元前130年左右，随着丝绸之路的开通，古埃及贸易规模迅速扩大，众神、神话和象征传播到了古埃及以外的地方。亚历山大港成为连接东方和西方的枢纽港口，古埃及文化借由这里传播到地中海和中东以外的地区，伊西斯等众神即使在遥远的东方如阿富汗等地都广为人知。

许多古埃及建筑和纪念碑都倒塌了，因为人们的忽视和掠夺，以及沙漠的风沙侵害，沙漠重新占领了自己的领地。在罗马时代早期，方尖碑、石碑、狮身人面像和神像曾被运输到意大利的心脏地带，送到教皇、将军等权贵的手中，但迎接这些珍贵古物的是再次失宠的结局。古埃及的众神已经被遗忘，并被中东的一神教吞并。

复活的神和神话

欧洲文艺复兴时期，人们通过最新发现的著作，打开了古代地中海世界文明的大门。始于意大利的发掘工作不仅发现了古典时代的伟大文物和古迹，还出土了数量惊人的古埃及文物。这一发现引发了人们对古埃及物质文化、神秘主义和神谱的痴迷。

18世纪末，古埃及的陵墓和神庙开始成为富有的游客、崭露头角的艺术家和建筑师的常去之地，这些人花费大量金钱游览欧洲及其周边，游览范围包括如今的地中海东部。1798年，拿破仑派遣历史学家、科学家和其他学者研究古埃及遗址，同时展开军事行动，为法国开疆拓土。众所周知，这次战役以失败告终，但在这一过程中还是有一些重要的发现，比如罗塞塔石碑。1822年，这块石碑成为解开象形文字奥义的钥匙，许多其他文本的奥秘也随之一一被揭开，人们对古埃及的文化和信仰产生了巨大的热情。

人们对一个新的研究领域产生了兴趣。到了19世纪初，第一批埃及古物学家开始挖掘国王和神留下的财产，起先毫无章法，后来形成了一门系统的学科——考古学。人们对古埃及文化与艺术的狂热影响了维多利亚时代的设计领域，这一点从珠宝设计到建筑设计都有体现。在维多利亚时代，从棉纺厂到泵站，从陵墓到剧院，建造上都有向古埃及的神庙、神龛、方尖碑和石碑致敬的形式和细节。古埃及的神圣象征莲花传到法国后，甚至成了法国国花——鸢尾花（*the fleur de lis*）。

贝斯特——到达罗马的猫

贝斯特是古埃及最受欢迎的女神之一，即便是在古埃及王国灭亡后，她也依然存在。原本她是一位凶残的女神，其崇拜中心集中在尼罗河三角洲的布巴斯提斯，在孟斐斯她也有很多追随者。从新王国时代开始，她变得柔和起来，作为家庭和家园的保护神受到人们的喜爱。人们以她的名义捕杀了许多猫作祭祀用，大量的青铜雕像也证明了她的受欢迎程度。

罗马人非常喜欢贝斯特，并尊重她作为保护神的一面，所以他们把她带到了意大利，在罗马、庞贝、奥斯蒂亚和内米都有她的身影。贝斯特的形象有很多种，而且是护身符的热门选择。她经常以猫首人身的形象出现，穿着昂贵的衣服，胳膊上挎着一个包，左手拿着一个摇铃（一种古老的敲击乐器），胸甲上刻有一颗母狮的头。

右图：这是一尊贝斯特铜像（前6世纪—前4世纪），展示了她手持狮头盾牌的样子。

对页图：在1835年英国彭赞斯港的埃及屋上，门柱柱头刻有莲花花苞的图案。

左图：维多利亚时代的古埃及样式珠宝，多以黄金和绿松石制成。

下图：这是图坦卡蒙陵墓出土的一件珍贵文物，金色双翼眼镜蛇项圈护身符。

有关图坦卡蒙的重大发现

1922年11月，一个埃及男孩带领来自英国的埃及古物学家霍华德·卡特走上了通往图坦卡蒙陵墓的台阶，随后引发了一阵新的狂热。当时的卡特绝对想象不到，他将会发现怎样的宝藏。仅在图坦卡蒙木乃伊身上的绷带里，就存有143件小工艺品，还有闪闪发光的黄金和珍贵的珠宝。

众神为这些珠宝赋予了神秘的力量，其中包括饰有张开翅膀的奈赫贝特的项圈，荷鲁斯眼睛

形状的手镯，象征梅瑞兹格（Meretseger）的双翼眼镜蛇手工艺品，以及图坦卡蒙进入冥界之旅时乘坐的帆船仿造物件。除此之外，图坦卡蒙的头上还戴着一个金色的头饰，上面饰有猎鹰和毒蛇，这两个意象代表了他统治上下埃及的神授权力。

然而，虽然人们对图坦卡蒙陵墓有着非常浓厚的兴趣，霍华德·卡特也声名远播，但其实在离卡特祖国很近的地方，就有一些与众神相关的令人惊讶的有趣发现，这些众神的图像、雕像和铭文同时也为卡特的研究提供了材料，其中之一就是女神伊西斯的相关记载。

左图: 1926年，霍华德·卡特和一位同事坐在图坦卡蒙国王的棺木旁，小心翼翼地清理覆盖在第三副棺木上的圣油。

伊西斯——国际化的女神

在古希腊人的统治下，母亲女神、忠诚的妻子和万物的保护神伊西斯成了不折不扣的女王，她有了一个新的名字——埃赛特（Eset），这是古埃及早期一个词的希腊语形式，意思是"王座"。她的名声越来越大，以至于后来成为最强大的魔法女神，力量比她的丈夫奥西里斯甚至太阳神拉都要强大。

伊西斯还被尊为海员女神，供奉伊西斯的神庙遍布港口城市亚历山大港。后来，水手、商人、使者和官员对她的崇拜热潮甚至波及古希腊，然后是罗马。在庞大的罗马帝国中，她成为伟大的生育女神伊西斯-阿佛洛狄忒（Isis-Aphrodite），且一直存在，无论她在哪里落脚，都能快速融入其中。即使是在古希腊和罗马转向一神教时，她的影响也没有消失：一些艺术史学家认为，伊西斯抱着婴儿荷鲁斯的形象和抱着孩子的圣母形象类似。但尽管有这样辉煌的历史，伊西斯也没有像她的儿子荷鲁斯那样在文学作品中幸存下来。

下图：直到550年，伊西斯都一直被供奉在伊西斯菲莱神庙中。它是最后一座古埃及风格的神庙。

下图：这尊青铜雕像展示了头戴太阳圆盘冠的强大的伊西斯，她正在哺育她的儿子荷鲁斯。

伊西斯到达伦敦

"*Londini ad Fanum Isidis*"（在伊西斯神庙中到达伦敦）。萨瑟克区图利街地下出土了一个 I 世纪的罗马时代酒瓶，上面粗略地刻有伦敦伊西斯神庙的位置；出土的小青铜雕像、铅锤和发卡上都刻有伊西斯的名字或她的肖像，这些进一步证明了伊西斯在伦敦的统治。后来，人们还在泰晤士河边的罗马城墙上发现了一座 3 世纪的伊西斯圣坛，上面刻着这样的文字："神殿因岁月的流逝而倒塌，但已被修复。"然而不幸的是，神庙的修复不够完善，没能保存下来。

维多利亚时代英语文学中的荷鲁斯

荷鲁斯是创世神、猎鹰神，也是创造和统一上下埃及的神，但他并没有一直盘旋在破碎的帝国上空。在不同版本的神话中，他可能是奥西里斯的父亲，也可能是奥西里斯的儿子，他的多样性和变化多端的特质使他成为一个灵活的神。荷鲁斯的神话故事已经相对完整，足以使他成为一个伟大的文学人物。维多利亚时代的小说家亨利·赖德·哈格德（H. Rider Haggard）深知这一点，所以他只选择了荷鲁斯的一种面貌——哈马西斯（Harmachis），也就是"地平线上的荷鲁斯"来进行创作，这是荷鲁斯不常被发掘的一面。

人们对哈马西斯的崇拜是由吉萨高原的狮身人面像引起的。虽然荷鲁斯的这一面貌总体上是正面的，但据说，在狮身人面像所在位置附近工作的黎凡特建筑工人仍会把哈马西斯神庙的名字哈马西斯·哈伦（Harmachis Hauron）误认成恐怖之神哈伦（Hauron）。这也许就是荷鲁斯的这一虚构形象不如传统神话中荷鲁斯的典型形象更受推崇的原因。

荷鲁斯不仅是神，也是古埃及历代国王的化身；哈格德在他1889年的小说 *Cleopatra: Being An Account of the Fall And*

Vengeance of Harmachis, The Royal Egyptian, As Set Forth by His Own Hand（《克利奥帕特拉：这是一个关于埃及王室成员哈马西斯堕落和复仇的故事，这是他亲手写的》）中赞同了这一观点。

小说的背景是托勒密时代。哈马西斯受到崇拜荷鲁斯之母伊西斯的人祭司和埃及公民的怂恿，前去刺杀女王克利奥帕特拉七世，以夺取王位。哈马西斯是古埃及第一代国王的直系后裔，只有他享有王室血统和与神联系的权力。而且只有如此，古希腊人和罗马人才能被驱逐出境，古埃及这个让人们引以为傲的帝国才能在其合法国王的带领下恢复繁荣。而克利奥帕特拉是马其顿国王的后裔，她被认为是傲慢的外来者，在血统和神权上都没有登上王位的资格。

然而，哈马西斯的任务失败了，因为他爱上了这个狡猾精明的女王。大祭司、埃及人民，以及众神的母亲伊西斯都感觉到自己被出卖了，于是古埃及逐渐衰败。这部小说有好几卷，当时的评论褒贬不一。除了这本书外，还有很多关于蛇蝎美人克利奥帕特拉，以及支持她的立场、信仰体系的书、戏剧甚至电影。

人们对克利奥帕特拉的迷恋延伸到了古埃及丰富文化与历史的其他方面，甚至延伸到了现代。从2018年的电影《蝎子王5：灵魂之书》（*Scorpion King 5: Book of Souls*），到类似《刺客信条：起源》（*Assassin's Creed Origins*）和《埃及塞尼特棋》（*Egyptian Senet*，一种古埃及桌游，是根据死者通往的神秘来世之旅设计的）等游戏，众神及其神话始终在流行文化中不断演变着，而众神重塑再造的过程看来也会一直持续下去。

揭开更多谜团的新工具

胡狼头人身的"道路开放之神"威普瓦威特可以保证死者能在来世呼吸、进食、说话、微笑，且让死者复杂的灵魂得以重生。如果他看到了人类新发明的调查小工具，一定会感到非常高兴。因为人们以他的名字命名的乌普奥特（Upuaut）是一个微型机器人，是用来调查大金字塔的通风井的。

这只是众多现代人用来探索古埃及历史和信仰体系的现代技术应用之一。又如，苏黎世大学的罗杰·赛勒（Roger Seiler）和弗兰克·鲁利（Frank Ruhli）利用计算机断层扫描这一医学放射技术推进了对木乃伊颅骨的研究。这种技术可以不受木乃伊包裹物的影响直接扫描里面的头骨。

再如，同宇宙之神荷鲁斯的眼睛射出的光那样，红外技术正被用于定位金字塔和被沙漠覆盖的古埃及人定居点。

对页图：克利奥帕特拉操纵着她的敌人哈马西斯（取自哈格德1894年的小说）。

上图：2015年，一个红外热成像实验绘制出了吉萨胡夫金字塔的墙体温度图。

凯米特——一种源于古埃及的信仰

20世纪80年代，由牧师塔玛拉·L.萨达（Tamara L. Siuda）领导的、以古埃及众神及其神话为核心的新信仰出现了。它以非洲传统信仰体系为基础，形成了新社区和新文化，特点是信奉对象不是单一神或对应的两位神。牧师萨达被称为"圣洁之女"，也被称为"Nisut-bityt"，即"纸莎草和蜜蜂之女"。换句话说，她来自上埃及和下埃及。她的追随者们并不把她当作女神，而是当作人与神之间的媒介，虽然她已经被赋予了赫鲁（Heru，天空之神荷鲁斯的一种形式）的灵魂卡。他们每日的供奉流程从"早晨之家"仪式开始，以表示对升起的太阳的尊敬。而追随者则有义务供奉亚库（灵体内的生命力量），去努力得到尊敬的祖先的灵魂。

有关古埃及的不同神话

我们已经看到，古埃及的神话有时与黎凡特和美索不达米亚的神话有同期性。有人曾将古埃及神话与美索不达米亚的苏美尔王国的神话进行比较并发现了共同点。自公元前4000年以来，苏美尔王国一直是风和风暴之神恩利尔（Enhil）、正义和太阳之神乌图（Utu）和他的父亲月亮之神南纳（Nanna）等神的故乡。在那里，金字塔形状的神塔成为神庙。又如，与伟大的奥西里斯和赛特的神话相似的苏美尔王国的《吉尔伽美什史诗》（*Epic of Gilgamesh*）中也有谋杀和永生的情节，虽然叙述方式有所不同。与古埃及一样，苏美尔的许多神秘之处也深不可测，至今仍有近5万块刻有文字的泥板未被解读。

上图：苏美尔人的记事碑（前2350）。

中国古代社会的和谐与平衡

古代中国未建立真正的王朝统治前，有两大创世神话：三皇和五帝。其统治时间先于现实中的帝王，后者大约从公元前2000年建立统治，拥有神一样的地位。与古埃及一样，中国的创世神话也围绕着宇宙蛋展开。起初，天地一片混沌，随着二者分离，一个"人"——盘古逐渐成形。他填补了天地间的空隙，直到1.8万年后，天地之间形成了应有的距离。盘古死后，他身体的各个部分变成了人类，以及云、风、星辰、山川、江

上图：从"史前大洪水"到公元前1817年的王表。

右图：这幅18世纪的版画展现了盘古手持标有阴阳符号的宇宙蛋的情景。

河湖海等多种存在。与玛特一样，盘古的作用是保持世界的和谐与平衡。

在长江三角洲地区的传说中，盘古和他的妻子女娲就像宇宙蛋的两个部分，保证两种对抗力量的平衡：阴和阳；他们就像水和火、月亮和太阳，相辅相成。有些人认为天为阳，像一个倒扣的碗绕着一个中枢旋转，上面连着星星；地为阴，是一个正方形，或者是一个从中间截断了的金字塔。

中国古代的信仰体系中，神的种类众多，有宇宙中的神，比如月亮女神嫦娥；也有尘世中的神，如西方乐园中的女神西王母；还有种植、科学、技术之神，农业和医学的创造者神农。然而，中国的神话历史是相对不完整的。因为秦朝时，在激进的丞相李斯的说服下，第一位统一中国的皇帝秦始皇（前259—前210）破坏了原始的神话，并用儒教和道教重新诠释了神话。因为在当时，儒道能够更好地融入当时的政治体系。

自然、信仰和人类

古埃及神话作为非洲神话的一支，与非洲大陆上的其他神话相得益彰。在非洲大陆的众多神明中，西部有水神，南部的狩猎者、采集者则相信死去的人会变成星星，这些将自然、信仰和人类紧紧地联系在一起。

"Upepo"在斯瓦希里语中是风的意思，也是精神的意思；而在马赛，"Orpeko"是扰乱身体、思想和生命的无形力量（两个单词发音相似）。在非洲大陆的许多地方，古老的信仰体系和神话都信奉一种复杂而宏大的思想，即认为大自然、神明和地球生灵，以及祖先共同协作维持世界的和谐，虽然有时会受到善意和恶意的灵魂的干扰。事实上，这种信仰体系可能与澳大利亚原住民的想法不谋而合。

在至少3万年前，澳大利亚原住民绘制了这个世界上最大岛屿的自然与文化景观地图。"地图"一词并不是比喻，它的确精准地

下图：这是一件来自澳大利亚北领地卡卡杜的乌比尔原住民创造的岩石艺术作品，展示了动物和植物的图腾。

描述了各个图腾及其神话是如何在沙漠和山脉、河流和小溪之间纵横交错地联系在一起的。每位神明身上都带有他们自己的氏族图腾，其独特的故事通过歌曲、戏剧和数以百万计的艺术品被一一展示出来。这些艺术品为这个国家的岩石露头等景观提供了别具一格的注解，有关各种图腾的故事则将天地的伟大创造和大自然全部联系起来。除此之外，这些故事也能为旅行者提供一条实用的路线，让他们能够在穿越澳大利亚富有挑战性的自然环境时生存下来。古埃及的众神、国王、女王和人民应该都十分理解这一点，尤其是奥西里斯。

复活的奥西里斯给基督教留下的遗产

下图：在位于阿比多斯的塞提一世（Seti I）神庙中，一幅浮雕描绘了复活的奥西里斯、伊西斯和猎鹰神索卡尔。

最后，我们再来谈谈奥西里斯。在古埃及每年举行的庆典上，人们会将他（即他的肖像）象征性地埋葬，再使其"复活"，以确保四季更替、作物丰收、王国延续。祭司把用泥土和种子制成的奥西

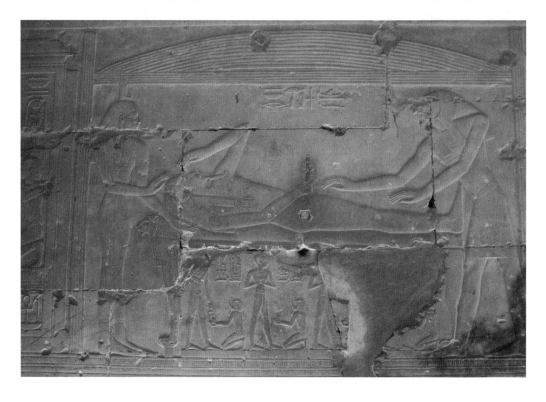

里斯雕像埋藏在地下，然后浇八天水，直到种子发芽，这样就能保证万物生命的循环和永恒。在宏伟的神庙中，也会放置一尊这样的雕像，以及一个用磨碎的宝石制成的雕像；前者象征着自然界的更新，后者象征着奥西里斯永恒的、耀眼的力量，人们会带着它们游行。

本书的一些内容借鉴了E.A.瓦利斯·巴奇所译的神话和传说。在他1911年的作品 *Osiris and the Egyptian Resurrection*（《奥西里斯和埃及的复活》）中，巴奇将奥西里斯的生命、死亡和意义与基督教耶稣的故事进行了类比。他指出，一个灵魂在世间受苦，后死而复生成为人类言行审判官的人，统治着只有无罪者的天堂，这种观念早在古埃及王朝就已经存在了。从这段摘录可以看出，他是从一个信徒的角度去看待奥西里斯崇拜的：

"每个奥西里斯式宗教的中心观点都是对复活和永生的渴望，而这只能通过奥西里斯的死亡和复活来实现。"

古埃及众神信仰体系的深刻程度和复杂性质可能永远不会被真正理解，而我们大概也无法完全揭开众神、众神的全部面貌及神话所编织成的复杂网络。但是，我们始终没有放弃尝试。无休止的奋斗是奥西里斯的宿命，他就像大自然一样，不断地消亡又复活，没有什么能使他倒下。

> 无论生死，我都是奥西里斯
> 我进入，并通过你重现，
> 我在你中衰退，我在你中成长，
> 我在你中倒下，我侧身倒下。
> 众神住在我的身体里，因为我成长于
> 供奉尊贵者的五谷中。
> 我覆盖着大地，
> 无论生死，我都是大麦
> 我不会被毁灭……
>
> 摘自金字塔棺文 330

参考书目 ^[1]

1. Arnold, Dieter: *Temples of the Last Pharaohs* (Oxford University Press, 1999)

2. Brier, Dr Bob: *Ancient Egypt, Everyday Life in the Land of the Nile* (Sterling, 2013)

3. Budge, E.A.W.: *The Gods of the Egyptians, Two Volumes* (Dover, New York, 1969)

4. Budge, E.A.W.: *Legends of the Egyptian Gods* (Dover, New York, 1994)

5. Bunson, Margaret: *Encyclopedia of Ancient Egypt* (Gramercy Books, 1991)

6. Dunand, Francoise and Zivie-Coche, Christiane: *Gods and Men in Ancient Egypt* (Cornell University Press, 2004)

7. Dunand, Francoise and Lichtenberg, Roger: *Mummies and Death in Egypt* (Cornell University Press, 2005)

8. Frankfurter, David: *Religion in Roman Egypt: Assimilation and Resistance* (Princeton University Press, 1998)

9. Gibson, Clare: *The Hidden Life of Ancient Egypt* (Saraband, 2009)

10. Heller, Reinhold, Malek, Jaromir and Haddad, Nordine: *Egyptian Art* (Art and Ideas), (Phaidon Press, 1999)

11. Meeks, David and Meeks, Christine Favard-Meeks: *Daily Life of the Egyptian Gods* (Pimlico, 1999)

12. Petrie, Sir William M. Flinders: *The Religion of Ancient Egypt* (Cosimo Classics, 2011)

13. Pinch, Geraldine: *Handbook of Egyptian Mythology* (Oxford University Press, 2004)

14. Sauneron, Serge, translated by Lorton, David: *The Priests of Ancient Egypt* (Cornell University Press, 2000)

15. Shaw, Ian: *The Oxford History of Ancient Egypt* (Oxford University Press USA, 2004)

16. Smith, William Stevenson and Simpson, William Kelly: *The Art and Architecture of Ancient Egypt* (Yale University Press, 1998)

17. Spence, Lewis: *Ancient Egyptian Myths and Legends* (Dover Publications, 1990)

18. Strudwick, Nigel, edited by Leprohon, Ronald J.: *Texts from the Pyramid Age* (*Writings from the Ancient World*) (Society of the Biblical World, 2005)

19. Taylor, J.H.: *Journey Through the Afterlife: Ancient Egyptian Book of the Dead* (Tokyo, 2012)

20. Teeter, Emily: *Religion and Ritual in Ancient Egypt* (Cambridge Univeristy Press, 2011)

21. Tyldesley, Joyce: *The Penguin Book of Myths and Legends of Ancient Egypt* (Penguin UK, 2010)

22. Watterson, Barbara: *Gods of Ancient Egypt* (History Press, 2003)

23. Wilkinson, Richard: *The Complete Gods and Goddesses of Ancient Egypt* (Thames and Hudson Ltd, 2017)

24. Wilkinson, Richard: *The Complete Temples of Ancient Egypt* (Thames and Hudson Ltd, 2017)

25. Wilkinson, Toby: *Writings from Ancient Egypt* (Penguin UK, 2016)

---

[1] 与原著保持一致，不做形式更改。——编注

图书在版编目（CIP）数据

古埃及神话 /（英）凯瑟琳·钱伯斯著；李昕航译 . -- 北京：北京时代华文书局，2024.5

书名原文：Ancient Egyptian Myths

ISBN 978-7-5699-4728-1

Ⅰ.①古… Ⅱ.①凯… ②李… Ⅲ.①神话－研究－埃及－古代 Ⅳ.① B932.411

中国版本图书馆 CIP 数据核字 (2022) 第 206419 号

北京市版权局著作权合同登记号 图字：01-2019-7239

GU AIJI SHENHUA

出 版 人：陈　涛
责任编辑：胡元曜
责任校对：陈冬梅
装帧设计：程　慧 迟　稳
责任印制：訾　敬

出版发行：北京时代华文书局 http://www.bjsdsj.com.cn
　　　　　北京市东城区安定门外大街 138 号皇城国际大厦 A 座 8 层
　　　　　邮编：100011　电话：010-64263661　64261528

印　　刷：天津裕同印刷有限公司
开　　本：787mm×1092 mm 1/16　　　成品尺寸：185 mm×260 mm
印　　张：13.5　　　　　　　　　　　字　　数：232 千字
版　　次：2024 年 5 月第 1 版　　　　印　　次：2024 年 5 月第 1 次印刷
定　　价：99.00 元

版权所有，侵权必究